Claudia Dabringer

Voll 50

TWENTYSIX – Der Self-Publishing-Verlag
Eine Kooperation zwischen der Verlagsgruppe Random House und BoD
– Books on Demand
© 2017 Dabringer, Claudia
Herstellung und Verlag:
BoD – Books on Demand, Norderstedt.

ISBN: 9783740733438

FÜR

alle Frauen, die das Gefühl haben, dass sie aufbrechen wollen, aufbrechen können, aufbrechen müssen.

Nehmt Euch, was Ihr wollt – das Leben gehört Euch alleine.

VORWORT

Voll 50 ...

... das könnte ja jede(r) behaupten, denken Sie vielleicht. Und möglicherweise haben Sie auch recht damit, weil es in Ihrem Leben gerade wirklich gut läuft, der Körper in bester Verfassung und der Geist fit wie der dazu gehörige Turnschuh ist. Dazu gratuliere ich Ihnen von Herzen! Bei allem Überschwang stelle ich allerdings auch fest, dass viele in diesem Alter – manchmal früher, manchmal später – so ihre Probleme mit demselben haben. Die Lebensuhr beginnt zu ticken, man überlegt sich, was man noch umsetzen will, ob einem dazu noch genügend Zeit und Mut bleibt. Wird die Gesundheit durchhalten? Mache ich mich lächerlich? Will ich überhaupt noch etwas ändern, oder fehlt mir dafür die Energie?

Meine Erfahrung hat gezeigt, dass das Leben oft schneller ist als man denken, überlegen, entscheiden kann. Und dann MUSS man handeln, während man vorher vielleicht noch eine Wahl gehabt hätte, einen positiven Impuls ins Leben zu bringen. Ich weiß nicht, wie es Ihnen geht – ich werde nur sehr ungern zu etwas gezwungen – Ausnahmen wären zum Beispiel der Toilettengang, ein Meteoriteneinschlag oder ein ertrinkendes Kind. Doch so lange ich eine Möglichkeit sehe, Positives in mein Leben zu bringen, lade ich es ein. Für Routine habe ich später noch Zeit.

Dieses Buch soll Sie ermutigen, sich aufzumachen. Nicht in „How-To-"Schritten, sondern durch Inspirationen. Ich habe (leider) nicht die Chuzpe, gegebenermaßen von mich auf alle zu schließen. Was für mich an einem bestimmten Punkt meines Lebens richtig war, kann für Sie verkehrt sein. Und doch kann die Auswahl der kleinen Geschichten, die als Blogbeiträge auf der Website www.ursachewirkung.at entstanden sind, vielleicht ermutigen. Vielleicht erheitern. Vielleicht berühren. Und etwas in Ihnen bewegen, was Sie in Bewegung setzt. Mit 50, drüber und drunter. Die Zeiten sind turbulent und bunt, also viel zu schön, um beige zu sein oder zu werden. Tauchen Sie mit mir in den Farbtopf und holen Sie sich die Farbe, die zu Ihnen passt. Viel Spaß beim Lesen und Leben!

Ihre Claudia Dabringer

1

Freitag –

das war für mich bis vor ein paar Jahren der Tag, an dem mich drei bezaubernde, lebendige, neugierige Kinder besuchten, um das Wochenende mit ihrem Vater und mir zu verbringen. Freitag – das ist heute der Tag, an dem ich MEIN oft durchgeplantes Wochenende in Besitz nehme.

Mit Menschen, die neu in mein Leben gekommen sind zu einem Zeitpunkt, wo sich eine um die andere Lücke aufgetan hat. Mit Menschen, die plötzlich nach Jahren wieder aufgetaucht sind und mir begegnen, als gäbe es kein Dazwischen. Und mit Menschen, die mir beim Lückenreißen zugeschaut, mich begleitet und getragen haben. Vor drei Jahren tauchte in mir ein unbestimmtes Gefühl auf, das mir sagte, ich solle mich auf Veränderungen einstellen. Das beunruhigte mich, denn bis dahin hatte ich schon kleine Panikattacken, wenn ich eine vom Sturm abgeknickte Dahlie entdeckte. Dahlien hatten zu wachsen, zu blühen und zu welken. Naturgewalten wie Gewitter, Meteoriteneinschläge oder Flugzeugabstürze waren in meinem Garten nicht vorgesehen.

Und doch zogen Wolken auf – und blieben. Als lösungsorientierter Menschen begann ich unter dieser grauen Decke mit Exit-Strategien aus meiner Erstarrtheit. Der Schlüsselsatz in dieser Zeit: „Wenn sich alles verändert, verändere alles." Doch wo anfangen, wenn man auf Beständigkeit, Solidität und Verlässlichkeit eingenordet ist? Während ich mir das überlegte, zeigte mir das Leben, dass dafür keine Zeit ist. Dass Belastbarkeit endenwollend, Gefühle immergrün und Lachen unbesiegbar sind. Ich kam mir vor wie ein Vulkan, der so lange geruht ist, bis er alle Kraft beisammen hatte, um auszubrechen. Ich glühte, ich spuckte, ich verbrannte. Danach war nichts mehr wie vorher. Fast zwei Jahre nach dieser Eruption wachsen in meinem Leben Orangen und Feigen, Mandarinen und Oliven. Ich nähre sie und sie nähren mich.

Bald werde ich 50, und ich habe das Gefühl, dass ich schon immer auf diesen Lebensgarten gewartet habe. Es ist keiner, der schon eingewachsen, verwuchert und nur mit Baggern zu verändern ist. Es ist einer, in dem siedelt, wer hierher gehört. Ein unglaubliches Geschenk, das nicht viele in diesem Alter bekommen. 50 und fabelhaft – so empfinde ich mein Leben. Meistens. Denn so, wie ich es gestalte, verstört es Menschen. Vor allem solche, die an Althergebrachtem festhalten, die Angst haben, dass Gültigkeiten sich verschieben könnten. Die sich lieber abstrampeln, um Vergangenes wiederherzustellen als Neues im Leben zu begrüßen. Von solchen Begegnungen, aber auch Erfreulichem werden die weiteren Blogbeiträge handeln – jeden Freitag aufs Neue.

2
Vom Kribbeln und Kreisen

Am Wochenende habe ich mein Buddha-Shirt zum Bauchtanz getragen. Widerspricht sich das? Vielleicht auf den ersten Blick. Gerade in der heutigen Zeit ist Buddha sehr viel populärer als Allah oder etwa umgekehrt? Ich begebe mich bei diesem Thema in eine Art von Küche, in der ich nicht einmal Wasser heiß machen möchte.

Und heiß war mir ohnehin schon auf der Fahrt zum Workshop, weil mich wieder einmal die Vergangenheit „angerufen" hatte. Sie kennen vielleicht diesen Facebook-Spruch: „Wenn die Vergangenheit anruft, geh' nicht dran. Sie hat Dir eh nichts Neues zu sagen." Mein Pech: Ich rege mich bei manchen dieser Anrufe schon über die Nummer auf dem Display auf. Ja, man ist auch mit fast 50 noch aus der Ruhe zu bringen.

Beim Ankommen kribbelte es am ganzen Körper, und ich wusste nicht, ob es Hunger, ein mögliches Schleudertrauma durch einen Auffahrunfall im Autobahnstau oder die Vergangenheit war. Für eine genauere Analyse blieb keine Zeit, denn eine weise, in sich ruhende, alterslos schöne Frau erwartete mich: Rosina. Sie trägt den gleichen Namen wie meine Großmutter, hat ein Buch mit dem Titel „Der Ruf meiner Großmutter oder die Lehre des wilden Bauches" geschrieben und eines über die 99 Namen der *einen* Liebe.

Genug der Zeichen, dachte ich mir bei der Anmeldung. Genug des

Kribbelns, dachte ich mir im Kreis von geschätzten 15 Frauen, die sich schwer damit taten, ihr Alter zu nennen, aber leicht, der Lehrerin zu huldigen und zu unterstreichen, dass sie während der kommenden Tage ihre Weiblichkeit zu stärken hofften. Als ich vor einem guten Jahr mit dem Bauchtanz begann, erntete ich von einer Freundin die Bemerkung: „Und wann fängst Du mit dem Töpfern an?" Bauchtanzen schien ein Synonym für „sich zwanghaft selbstverwirklichen wollende Midlife-Crisis-Frau" zu sein.

Dabei war mein Beweggrund ein ganz anderer. Während einer Reise nach Ägypten hatte ich erfahren, dass Bauchtanz eine sehr intime Angelegenheit zwischen Mann und Frau ist und gar nichts mit einem folkloristischen orientalischen Abend zu tun hat. Mich rührte dieser Gedanke, und als ich einige Tage später auf Djerba eine Frau tanzen sah, beschloss ich, das auszuprobieren – ungeachtet der Tatsache, dass ich keinen Mann hatte.

Was ich lernte, war, dass Baucheinziehen manchmal genau das Verkehrte sein kann. Dass eine gerade Haltung Ausdruck von Gegenwärtigkeit und Würde ist. Dass mein Körper Bewegungen machen kann, die ich ihm nie zugetraut hätte. Und ja, dass Weiblichkeit immer etwas Schönes ist – vor allem, wenn man sie an sich entdeckt. Insofern verstand ich die Workshop-Frauen, die nach der Frau in sich suchten. Gerade die älteren unter ihnen meditierten sich deshalb in Tränen hinein und tanzten sie dann aus sich heraus. Eine wunderbare Erfahrung.

Aber einige von ihnen waren auch gekommen, um den Drehtanz der Derwische „zu kosten", wie Rosina es ausdrückte. Vor zwei Jahren hatte ich an der Wiege des Sufismus einem solchen Tanz beiwohnen dürfen, und die Faszination hat angehalten. Also ja, auch ich freute mich darauf, denn das Körperkribbeln hatte sich jetzt in Gedankenspiralen manifestiert, und die kleben erfahrungsgemäß hartnäckig. Das Wichtigste bei diesem Tanz: Man verbindet Himmel und Erde über den Weg des Herzens, der Liebe. Deshalb sieht man Derwische auch immer mit einem nach rechts gebeugten Kopf. Dadurch machen sie die Bahn frei für die Energie, die über das Herz läuft.

Und während ich meine Füße zu einem T formte und mich langsam zu drehen begann, kamen auch mir die Tränen. Die der Verletztheit, der Ignoranz, der Missachtung. Und ich spürte, dass ich zwar das Produkt meiner Wunden bin, doch immer noch die Wahl habe, wie ich damit umgehe. Nach etlichen Minuten der Drehung in Richtung meines Herzens wusste ich, was ich der Vergangenheit zu antworten hatte. Das spiralisierende Kribbeln hatte aufgehört.

8
Vom Geschenk der freiwilligen Abhängigkeit

Tun und lassen, was man will, wann man will, wo man will – das sind Qualitäten, um die die Bindungsfrau die Single-Frau oft beneidet. Man muss sich nicht zu Tode flexibilisieren, kann sich auch mal „tot" stellen, wenn es an der Türe klingelt und braucht seine Urlaubsziele nicht nach den Vorlieben des Partners oder der Kinder ausrichten. Soweit das Trugbild.

Das Spiegelbild zeigt eine neuerdings 50jährige, die plötzlich mit Schmerzen an delikater Stelle aufwacht und sich überlegt, ob der Zeitpunkt dafür wohl irgendeine Bedeutung haben könnte. Denn an einem Nabel wie Marrakesch mit gesundheitlichen Unzulänglichkeiten konfrontiert zu werden, zieht bei aller Liebe zu arabischen Reisezielen dann doch die eine oder andere Unsicherheit nach sich. Bleibt mir nur der Weg auf den staubigen „Grand Place", wo einem auf Wunsch beispielsweise ganz ungezwungen und buchstäblich ritschratsch ein Zahn gezogen werden kann? Könnten die heimlichen Heiler für die delikate Malaise in einem Korb leben und durch Flötenmusik angeregt kurz raus zischeln und damit das Ungemach vertreiben? Man/Frau weiß es nicht, will es auch nicht wissen. To make a long story short: Es muss ausgesessen werden. Im Café des Epices, im Flieger nach Hause und nach einem Besuch in der heimischen Ambulanz ein Wochenende lang auf dem vertrauten Sofa. Der Schmerz verdammt zum Nichtstun, was wiederum in massive Selbstbeobachtung mündet und man in weiterer Folge, wenn schon nicht das Gras, so doch etwas anderes wachsen hört.

Am Montag dann die erlösende, wenn auch schwere Nachricht, dass man unters Messer muss. Viele anteilnehmende Stimmen, einige mit ähnlichen Erfahrungen, andere mit ängstlichen Fragen im Subton, ob das ansteckend sei, weil das „gerade so viele haben". Das Taxi wartet, und ich muss vertrösten, weil die Zeit knapp ist. Frühstücken ist nicht in jedem Fall gut, vor allem vor unerwarteten Operationen zieht sich dadurch alles etwas in die Länge. Zu liegen kommt man neben einer alten Dame, die von ihrem Mann rührend betütelt wird, während man selbst die Wartezeit mit dem Lesen der „Wolfsfrau" verbringt. Und vor Schmerz jault. OP verläuft gut, man wacht auf, isst und denkt sich, dass es jetzt schön wäre, auch jemanden zum Betüteln zu haben. Jemanden, der sich freut, weil man die Augen geöffnet hat und dem es nichts ausmacht, wenn man ihn auf den ersten Blick nicht erkennt. Nicht dass ich keine diesbezüglichen Angebote gehabt hätte! Doch wer die Unabhängigkeit wählt, kann manchmal eben auch stur und kurzsichtig darin verharren. Wurscht, denn ich bekomme unerwartet Besuch, der mich die kleine Sehnsucht vergessen lässt.

Die Genesung schreitet schneller voran als gedacht, ich darf nach Hause. Taxi oder Hilfe aus meinem Umfeld? Wieder stur oder offen für Geschenke? Ich entscheide mich für letzteres und bitte einen lieben jungen Mann, mich abzuholen. Das versorgt mich – so ganz nebenbei – auch noch mit Heiterkeit, guter Laune und Zuversicht. Doch am Abend werde ich zur ersten Nachsorge in die Praxis meines Wunderdocs bestellt. Stur oder geschenksbereit? Da man positive Erfahrungen gerne wiederholt, nehme ich das Angebot einer lieben Freundin an und verknüpfe das auch gleich mit einem kurzen Tratsch über Urlaub und Unumgängliches. Am nächsten Tag folgt der letzte Termin und ich werde zum Geschenke-Junkie. Meine liebe Nachbarin, selbst etwas angeschlagen, setzt mich trotzdem praktisch am Gynstuhl ab, und ich lade sie danach zu einem gemütlichen Kaffee in der Frühlingssonne ein.

Ich war immer ein Mensch, der stolz darauf war, Dinge selbst und eigenständig regeln zu können. Man will ja niemandem etwas schulden. Doch jetzt denke ich mir, dass ich auf so viele Geschenke verzichtet habe, die mir Menschen aus vollem Herzen zu geben bereit sind. Das beglückt und macht demütig. Dankbar sowieso.

Von Westen und weißem Haar

In einem US-amerikanischen Blog, dessen Neuigkeiten mich via Facebook erreichen (keine Ahnung, warum ich den geliked habe!) lese ich zehn Punkte, die Frauen älter machen als sie sind. Die gute Nachricht: acht davon kann ich abhaken. Doch die restlichen erschüttern mich, eine eher unerwartet, die andere immer wieder.

Ärgernis 1: Strickjacken. Unnütz zu sagen, dass ich Westen liebe. Und viele habe. In allen Farben. Wollig, wuschig, auf jeden Fall wohlig. Sie betonen, wahlweise verhüllen den Körper je nach Bedarf, deuten an, ohne zu offensiv zu wirken und sind in meinen Augen ein Zeichen von Flexibilität. Ich verwende sie nämlich zudem als Sitzunterlage, Schal oder Regenschutz. Und zur Not kann man sich damit auch aus dem Rapunzelturm abseilen, wenn sich die Nahrungsaufnahme in Form von Leben etwas zäh gestaltet. Doch diese Erfahrung habe ich glücklicherweise aus zweierlei Gründen noch nicht machen müssen. Erstens überholt mich das Leben permanent und beschenkt mich so reichhaltig, dass ich mich über die Maßen genährt fühle. Zweitens verfüge ich über langes Haar. Und damit komme ich zum zweiten Ärgernis.

Bei der Feier zu meinem 50. Geburtstag hörte ich eine brillante Rede eines meinem Herzen sehr nahen jungen Mannes, die sich ausschließlich um meine silberfädrige Mähne dreht. Er wollte mich davon überzeugen, mich meiner grauen Haare mittels Färben oder Kahlrasur zu entledigen. Nicht dass sein Wunsch mir fremd gewesen wäre; seit Jahren liegt er mir in den Ohren damit – genauso vergeblich, wie ich versuche, ihn davon zu überzeugen, dass Silberfäden im Haar nichts mit Alter zu tun haben. Also jenem im Herzen. Und seine Meinung ist je kaum verwunderlich, denn wenn ich in einem Straßencafé sitze, zähle ich inzwischen die Frauen, die ihre Haare ungefärbt tragen. Und ich muss LANGE sitzen, um zwei Hände voll zu bekommen.

Interessanterweise finden Männer (Ausnahme mein Festredner) Frauen mit Silberhaar, noch dazu lange getragen, attraktiv und faszinierend. Das erfahre ich immer wieder, auch wenn ich zwei Atemzüge später auf sechs Jahre älter geschätzt werden. Gut, dass man solche Fehleinschätzungen mit 50 souverän und mit Humor nehmen kann. Doch während auch an meinem Geburtstag die Komplimente der Herren überwiegen, flüstert mir doch die eine oder andere Frau „Färben" ins Ohr. Warum?

Die Jugend malträtiert inzwischen trendmäßig ihre makellose Haarfarbe, um dem „Granny Style" gerecht zu werden, erzählt mir mein Friseur. Der mich natürlich auch schon seit Jahren mit Naturfarbe umwedelt und ebenfalls auf taube Ohren stößt. Doch er trägt es mit Fassung und ist verantwortlich für diese Frisur jenseits des Mainstreams. Er bewahrt mich davor, eine dieser Haartrachten zu tragen, die die Gesellschaft für Frauen meines Alters vorsieht, um munter mit der Schubladisierung fortfahren zu können. Weder er noch ich haben dazu Lust.

Doch die Frage bleibt, warum eine Haarfarbe darüber entscheidet, wie alt man geschätzt wird. Mir persönlich sind Äußerlichkeiten eher sekundär. Ich mag an Männern und Frauen den Humor, das Geistreiche und die Aufmerksamkeit dem Leben gegenüber – egal, ob das in Größe 32 oder 52 stattfindet. Doch anscheinend macht der Jugendwahn gerade vor Frauen meiner Generation nicht Halt, die sich aus irgendeinem Grund weigern, ihre Erfahrung und Persönlichkeit auch im Außen darzustellen. Denn man kann auf andere Art beweisen, dass man dem „alten Eisen" nie ferner war. Doch vielleicht bin ich wieder einmal meiner Zeit voraus und das, was man bei Jean-Paul Gaultier seit Jahren auf dem Laufsteg sieht, wird irgendwann einmal der Mainstream. Wir werden sehen. Und uns weiterhin graue Haare wachsen lassen.

5
Es lebe die Planlosigkeit

Unter den liebevoll ausgesuchten Geschenken zu meinem 50er befand sich eine Tasse, auf deren Grund „Wolle, was komme" zu lesen ist. Handgemacht und bestimmt auch mit viel Hirnschmalz angefertigt. Auf den ersten Blick habe ich mich fast ein wenig gedrängt gefühlt. Doch nach mehreren Kaffees aus diesem Keramik-Kunstwerk gestehe ich: Das ist mein Leben.

Während meines Studiums habe ich im Rahmen einer privaten Runde eine junge Frau kennengelernt, die mit Anfang 20 ihr Leben bereits durchgeplant hatte. Sie wusste, dass sie bis zu einem gewissen Alter alle zwei Jahre ihren Job wechseln, selbstverständlich in eine jeweils bessere Position kommen würde. Sie wusste, wie sie ihren Traummann finden, wie er aussehen und was er beruflich machen würde. Und natürlich waren auch Kind 1, 2 und 3 samt Kinderbetreuungsplan auch schon organisiert. Ich weiß noch, wie ich mir damals dachte: Wie will/kann sie das wissen?

Immer wieder fällt mir diese Frau ein, deren Namen ich nicht mehr weiß und auch aus den Augen verloren habe, ob sie tatsächlich in ihrem Leben nach Plan angelangt ist. Sie kommt mir dann wieder in den Sinn, wenn es sich meine Pläne wieder einmal anders überlegen und ihren eigenen Kopf entwickeln. Also fast immer (schon). Ob Matura, Männer oder Metier – sehr oft gingen meine Pläne in die Brüche. Bei anderen beobachtete ich, dass sie mit Selbstzweifel, Opfermentalität oder Wut auf die Unwägbarkeiten des Lebens reagierten. Nicht dass mir diese Gefühle fremd wären – ich bin eine große Haderin. Mit Gott, der Welt und mir selbst. Doch mich an Dingen und Situationen abzukämpfen, die außerhalb meines Einflussbereiches liegen, ist mir eher fremd. Inzwischen. Ich habe mir an Unmöglichkeiten die Zähne ausgebissen und nur dank eines SEHR guten Zahnarztes eine gesunde G'schnappigkeit erhalten können. Seither bin ich sanfter mit mir.

Und das bedeutet: Wollen, was kommt – komme, was wolle. Ich könnte jetzt sagen, dass ich mich über jeden geplatzten Plan freue, denn das, was anstatt dessen daher kommt, ist um Häuser besser als ich es mir gewünscht habe. Doch so weit will ich mich dann doch nicht aus dem Fenster lehnen. Allerdings muss ich gestehen, dass ich inzwischen eine gewisse Gelassenheit an den Tag legen kann, wenn jemand ein Rendezvous nicht einhält, die Playliste meiner Geburtstagsfete gecrasht wird oder die Bewerbung für ein Stipendium negativ beschieden wird. Denn das, was als Alternative um die Ecke kommt, ist vielfach besser. Das Kirschbier mit einer Freundin schmeckt schon allein deshalb gut, weil man es in wohlwollender Gesellschaft trinkt. Die Musik übernimmt ein junger Mann und bringt seine Generation auf die Tanzfläche. Und statt des Stipendiums verbringe ich den Sommer eben am See – es gibt Schlimmeres. Nein, wenig Besseres.

6
~~Abdampfen statt~~ boxen

Die Meteorologen haben den Sommer ausgerufen. Schön für sie. Ich sitze im langärmligen Kaftan beim bullernden Ofen und will raus. Gehen. Die Sonne auf meiner Haut spüren. Den Wind durch die Haare wildern lassen. Stattdessen beobachte ich die Katze, die sich unermüdlich ableckt und scheinbar auch die Hoffnung verloren hat, dass ihr irgendwann einmal ein Sommerfell wächst.

Als Kind habe ich jedes Mal gestöhnt, wenn ich beim ersten Sonnenstrahl vor die Tür gestaubt wurde – Spazierengehen, Tennis spielen, die zehn Bitten (auch „Zehnerln" genannt) gegen die Hauswand. Wie anstrengend! Viel lieber bin ich mit einem Buch irgendwo gelegen oder habe in die Luft gestarrt oder Musik gehört. Ich war also alles andere als eines dieser hyperaktiven Kinder, die man heute gerne mit Ritalin am Kindsein hindert. Doch das ist ein anderes Thema. Dass ich also keines dieser besonders gut genährten Kinder war, liegt zum einen an einer leichten Essrebellion, zum anderen an meiner Mutter, die es verstand, den trägen Stier doch hin und wieder über seine Blumenwiese zu jagen.

Die Supersportlerin bin ich heute noch nicht, doch ich habe die Sinnhaftigkeit von Bewegung inzwischen durchaus erfasst. Nicht unbedingt, weil ich sie zur Gewichtsregulierung brauche, sondern weil ich dem Boxsack etwas entgegen setzen will. Von professioneller Seite wurde mir eben jener empfohlen, damit ich meiner Aggression Ausdruck verleihe. In meiner Welt bin ich ein friedlicher, gemütlich vor sich hin grasender Paarhufer, der sich an Blumen freut und auch die heitere Gesellschaft anderer Lebewesen schätzt. Doch offensichtlich hat meine Aura auch eine „gefährliche" Facette, die andere an mir wahrzunehmen scheinen. Grundsätzlich habe ich ja meinen eigenen „roten Faden", der mich durchs Leben führt, weshalb ich mich relativ schwer von anderen einwickeln lasse. Doch wenn es darum geht, mir die Anschaffung eines Boxsackes überlegen zu müssen, überprüfe ich gerne die Fadenscheinigkeit. Nicht ständig, aber doch immer mal wieder.

Ich stelle fest: Da gibt es Dinge, die mich wütend machen. Ignoranz zum Beispiel. Engstirnigkeit. Unachtsamkeit. Immer wieder auch Egozentrik. Nicht unbedingt so, dass ich zuschlage würde. Aber provoziert fühle ich mich schon. Meist warte ich eine gewisse emotionale Stabilität ab und reagiere dann verbal. Während dieser Zeit rattern die verschiedensten Varianten durch mein Hirn, und oft muss ich dabei lachen, was meiner kolportierten Aggressivität gehörig Abbruch tut. Denn kichern und kämpfen – unmöglich.

Während ich im Wartesaal der Gelassenheit sitze, kann ich meistens keine zwei Minuten still sitzen. Da reicht mir das Hin und Her in meinem Kopf, ich packe meinen Blackberry samt Kopfhörer und stürze nach draußen. Schon mehrmals wurde ich gefragt, ob ich auf der Flucht sei. Oberflächlich betrachtet mache ich natürlich „Workout", tiefer betrachtet flüchte ich schon irgendwie. Vor dem Verkopftsein vor allem. Aber was ich wirklich mache: Ich dampfe ab. Buchstäblich. Die Musik im Ohr gibt den Rhythmus vor, unter 130 Beats per Minute bleibe ich stehen. Dabei betrachte ich die blühenden Kastanienbäume, lächle Hundebesitzern beim Gassigehen zu, wahlweise sogar den Tieren, und spüre, wie ich in meiner Mitte ankomme. Wenn ich nach einer halben Stunde wieder mein Zuhause erreiche, bin ich meiner emotionalen Stabilität ein gutes Stück näher gekommen. Das ist meine Art von Boxen. Und wenn es derzeit wie aus Kübeln regnet, kann ich mich nur glücklich schätzen, dass die Achterbahn in meinem Kopf gerade Pause macht. Ansonsten müsste ich mir dann doch die Anschaffung eines Boxsackes überlegen. Ich weiß, Regen tut nicht weh. Na ja. Schon. Irgendwie. Vor allem im Juni.

7
David Beckham und ich

Aus einem Magazin fällt mir in Zeiten wie diesen ein Heftchen entgegen, das „unseren EM-Spielplan" mit einem knatschgelben Stöckelschuh auf einem Fußball ankündigt. Ich weiß nicht, was ich mir erhofft habe. Klischees aber definitiv nicht.

Das Fussball-Fieber hat mich Zeit meines Lebens in Wellen überkommen. Als Kind war der Stolz auf Hans Krankls Cordoba-Tor ausschlaggebend dafür, dass ich unbedingt ein Sticker-Album haben wollte und entsprechend „naaaaaaarrisch" nach den Aufklebern war. Mit der sinkenden Qualität der heimischen Kicker und dem fortschreitenden Leben, das viel mehr bot als einem Ball hinterher zu schauen, habe ich die Pille etwas aus den Augen verloren. Oder hing es mit den Vokuhila-Frisuren zusammen?

Die nächste Welle kam Ende der 1990er Jahre, als dieses Schnuckelchen von David Beckham in die Gazetten kam und mir bewusst wurde, dass die Vokuhila-Ära endgültig vorbei war. Glücklicherweise war auch mein Jüngster zunehmend in einem Alter, wo ich ihn für Fußball begeistern konnte, ohne zugeben zu müssen, dass ich Spiele wegen der Spieler schaute. Doch das hatte einen Vorteil: Ich habe mir ganz nebenbei auch einiges Wissen angeeignet. Denn bei allem Glotzen konnte ich die dazu gelieferten Informationen einfach nicht ausblenden. Dass ich dabei manches tolerieren musste – Stichwort „Zwei Minuten gespielt, noch immer hohes Tempo" -, mir wahlweise Seitenstechen vor lauter Lachen geholt habe, nahm ich gerne in Kauf.

Und weil ich selten etwas halbherzig tue, begann ich, mit meinem Jüngsten wieder Sticker zu sammeln. Wir waren ein Superteam. Er riss die Päckchen auf, ich zog die Folien von den Bildern, er klebte. Doch das Blöde daran war: Die Sticker, die man wollte, ließen auf sich warten. Also wanderten wir zur Sticker-Börse. Das erste Mal ziemlich naiv, nur mit einem Packerl Doppelter im Sackerl. Das zweite Mal hatten wir unsere Lektion gelernt: Wir organisierten uns. Auf einen Zettel kamen die Nummer derer, die wir wollten, auf einen anderen die, die wir hatten. Wir teilten uns die Aufgaben, und unsere Ausbeute war immer ziemlich gut. Erkenntnis nebenbei: ich kann auch Kampfmutter.

Das Album bekamen wir nie voll – seit kurzem weiß ich, dass man durchschnittlich rund 600 Euro investieren muss, um das zu schaffen. Um dieses Geld könnte ich aktuell 30 Leute zum Spiel Deutschland – Ukraine einladen. Stattdessen werde ich mich wohl entweder zu einem Public Viewing verfügen und dort mit anderen fußballbegeisterten Frauen auf „Männerschau" gehen. Mit einem tränenden Auge. Denn es wird das erste Großereignis seit zehn Jahren sein, wo ich keinen mitfiebernden Jungen neben mir habe, der mit zunehmendem Alter auch zunehmende Fußball-Kenntnis entwickelt hat und inzwischen fast die Körpergröße des deutschen Torhüters hat.

Und weil ich mit dieser leisen Trauer nicht hinter dem Berg halte, wurde mir kürzlich ein Sticker-Album samt Klebinhalt geschenkt – meine Kusine und ihr Liebster wollten mich wieder heiter sehen. Die doppelten Bildchen halten sich in Grenzen – das Tauschen auf der Sticker-Börse lohnt sich also kaum. Ob ich mir das ganze Set im Internet bestellen soll? Doch das wäre nur der halbe Spaß. Also überlege ich mir, ob ich dem Heftchen mit dem gelben Stöckelschuh folge – Nägel lackieren, Shoppen, Cocktails trinken, David Beckham-Modeposter anschauen….LAAAAAAAAANGWEILIG! Da setze ich mich lieber ins Auto und düse an den Studienort meines früheren „Partner in Crime" und hoffe, dass er mich auch dann beschützt, wenn ich bei einer etwaigen Neuauflage von Cordoba für beide Mannschaften juble. Ganz nach der Devise: Hauptsache, das Runde kommt ins Eckige.

8
Die Schäfchen im Trockenen?

Während ich einen Artikel zum Thema Diabetes recherchiere, erfahre ich, dass gerade Menschen in der zweiten Lebenshälfte – also solche wie ich – extreme Schwierigkeiten haben, ihren Lebensstil zu ändern. Das wundert mich, denn gerade Menschen jenseits der 50 sollten ja an Weisheit gewinnen. Doch offenbar täusche ich mich da.

Ich begegne immer wieder Menschen meines Alters, die „ihre Schäfchen" im Trockenen haben. Sie wissen, wie die Welt funktioniert, weil in ihrem Leben einfach alles funktioniert hat, was sie sich vorgenommen haben. Sie haben Familie, einen Beruf, fünf Wochen Urlaub im Jahr, und auch im Kopf ist alles sortiert. Nach einer Viertelstunde Gespräch mit solchen Menschen werde ich meistens leicht unruhig. Denn wenn sich alles darum dreht, was man MACHT und HAT, entbehrt das nicht einer gewissen Statik. Natürlich kann sich Besitz ändern, wenn man Pech hat. Oder vielleicht auch Glück? Anderes Thema. Wie auch immer: Was Gespräche interessant macht, ist die Reflexion, das Nachdenken über das Sein und den Weg dorthin.

Wahrscheinlich unterhalte ich mich deshalb gerne mit jungen Menschen, weil die noch auf dem Weg sind. In meinem Alter sind viele schon angekommen. Und das, obwohl sie mit einem guten Arzt und einiger Eigenverantwortlichkeit noch einmal mindestens 40 Jahre vor sich haben. Und wenn ich nun während meiner Recherchen erfahre, dass

Gleichaltrigen eine Änderung des Lebenswandels aufgrund gesundheitlicher Schwierigkeiten schwer bis gar nicht gelingt, schüttle ich meinen Kopf. Albert Einstein hatte schon recht, wenn er sagte, dass man Probleme niemals mit derselben Denkweise lösen kann, durch die sie entstanden sind. Was um Himmels willen spricht denn dagegen, sein Leben aufzufrischen? Neuem Platz zu machen? Wieder aufzubrechen? Hält einen die Angst davon ab, etwas zu verlieren, was einen krank gemacht hat? Unlogischer geht's gar nicht.

Wenn junge Menschen ihren Weg suchen und dabei lieber auf Vertrautes setzen, dann schreibe ich das einer sich gerade entwickelnden Lösungskompetenz zu. In der heutigen Zeit spricht man in diesem Zusammenhang von Resilienz. Spätestens ab 50 sollte der Mensch allerdings einen gut gefüllten Werkzeugkasten zu diesem Thema haben. Dieser ist immer dann griffbereit, wenn man beständiges Grummeln, Jammern und Lamentieren an sich beobachtet. Dann ist es nämlich höchste Zeit, etwas zu ändern. An sich selbst, an seiner Einstellung, an einer Situation. Doch bei meinen AltersgenossInnen beobachte ich sehr oft, dass man sich fügt – aus Bequemlichkeit, „weil ja sonst alles passt" oder aus Angst vor den Konsequenzen. Resignation ist in meiner Welt keine Lösung, sondern ein sicherer Weg, die kommenden Jahrzehnte im Standby-Modus durchzutauchen. Lieber Dutzende Medikamente schlucken als sich auf die Suche nach Süße im Leben zu machen, wie das viele Menschen mit Diabetes tun. Lieber die Falten im Gesicht wegspritzen lassen als den Grund für die Falten zu beseitigen. Oder sich damit abzufinden und sie zu mögen. Was natürlich für Menschen mit Diabetes keine Option ist. Aber Sie wissen, was ich meine.

Ich habe auch nicht auf alles eine Antwort, geschweige denn für jedes Problem bis hin zum Weltfrieden eine Lösung. Doch ich versuche wenigstens, durch die Oberfläche hindurch nach der Wurzel zu graben. Dabei mache ich mich oft genug schmutzig und auch unbeliebt, denn Buddeln kostet Kraft, macht Arbeit und ist nicht immer von Erfolg gekrönt. Es lohnt sich trotzdem. Versuchen Sie es einmal.

9
1:0 für Gods

Unlängst beim Fussballschauen in einer Bar. Public Viewing in klein, rauchig, eng. Man kann nicht einfach aufstehen und beim Verschießen von Elfmetern ein Loch im Rasen graben, den Liegestuhl des Nachbarn umstoßen, weil der für den Gegner jubelt oder einfach nur davonrennen, bevor man von der Vuvuzela ganz taub wird.

Hier ist es intim, ein lesbisches Pärchen erfreut sich bei so viel Testosteron an sich selbst, der Weg zur Toilette führt über einen Turm von Pizzakartons, die als Snacks mitgebracht wurden. Mit einem Wort: gemütlich. Vor mir mein geliebtes Kirschbier, noch weiter vor mir ein Riesenfernseher, der für mich wie Kino ist. Sitze zuhause nämlich immer noch vor einem TV-Gerät, das dicker ist als ich und der Katze gerne als

Ablagefläche dient. Links neben mir ein junger Mann, der eine Mischung aus blondem Orlando Bloom und ökologischem Johnny Depp ist – wäre ich jünger, hätte ich mich nicht mit seinem breiten Rücken und dem hin und wieder gewährten Profil begnügt. Und weil mich das Alter großzügig macht, nehme ich sogar meine Füße vom Treppengeländer, damit er alle zehn Sekunden nervös nach seinem Bier greifen kann. Irgendwo muss die Jugend ja hin mit ihren Emotionen.

Rechts von mir ein anderer junger Mann mit ganz anderen Gefühlen. Der brennen will und den man auf Sparflamme hält, einfach weil man's kann. Der zum Nichtstun verdammt ist, obwohl er die Berge runterbrettern will und nicht nur die heimischen, sondern bald auch die überseeischen. Und der einfach nicht weiß, ob sich das mit einem durchgeschrammten Schienbein zeitlich alles ausgehen wird. Der nervös ist, weil er ruhig bleiben muss und nicht, weil die anderen auf dem Fußballfeld ruhig sind. Ich unterhalte mich mit ihm, immer wieder gerne, denn das Warten ist mein tägliches Brot. Ich möchte auch so oft so vieles so gerne, und doch entzieht es sich genauso oft meiner Kontrolle. Ich kann mich drehen und wenden, auf den Kopf stellen, mit meinen Ballerinas zappeln und dabei doch einen Shimmy machen – es nützt alles nichts. Manchmal habe ich das Gefühl, dass ich mein halbes Leben „verwartet" habe. Und genau das kann an den Nerven zehren. Habe ich mich dann schlussendlich wieder eingeschüttelt, merke ich sehr schnell, dass alles einen tieferen Sinn hatte und dass ich diese „verwartete" Zeit für etwas verwendet habe, was im Grunde viel besser zu mir gepasst hat als mein Sturkopf es wollte. Und genau deshalb kann ich diesen malträtierten jungen Mann so gut verstehen, auch wenn ich ihm gerne beim Graben nach dem Sinn seiner Zwangspause helfen würde. Denn seine Krücken sind kein wirklich passendes Gerät dafür. Doch offenbar freut er sich schon daran, dass ich mitdenken helfen, was seine Genesung unterstützen könnte. Dass ich ihm zuhöre und gemeinsam mit ihm lache. Und ihm zur Aufmunterung ein dickes Bussi auf die Wange gebe. Denn als ich nach dem Spiel meine sieben Sachen zusammensuche und aufbreche, sagt er zu mir: „Bist eine coole Zech'n, Godi." Im Pinzgau ist das ein Riesenkompliment. 1:0 für mich.

10
Über das Grrrößen beim Kinderwagengefühl

Eigentlich mag ich Zugfahren. Man muss nicht auf andere Autofahrer achten und sich darüber ärgern, dass sie seit der Erfindung der dreispurigen Autobahn hauptsächlich dort ihre Mitte finden. Ich kann die Landschaft an mir vorbeiziehen lassen und sein. Oder lesen. Oder Schreiben. Oder Arbeiten.

Kurz gesagt: Ich kann selektieren, wie ich meine Zeit verbringe, in der ich bewegt werde. Und genau dieses Kinderwagengefühl, an das man im Laufe des Lebens die Erinnerung verliert, mag ich am Zugfahren. Wie gesagt: eigentlich.

Seit einiger Zeit hat man ab Salzburg die Wahl, von wem man sich bewegen lässt. ICH habe keine Wahl, denn für mich gibt es nur die türkise Art des Reisens gen Osten. Wenn ich allerdings in den Westen und mich ökologisch korrekt fühlen möchte, muss ich erröten. Was ich auch regelmäßig und keineswegs in romantischer Art und Weise tue, sobald ich auch nur in die Nähe dieser Züge komme. Ich werde zum Verbinden mit einem WLAN-Netz eingeladen, das nicht funktioniert. Ich muss Papiertickets bei mir haben, weil die Zugbegleiter nur „inoffiziell" den QR-Code vom Smartphone ablesen dürfen. Und ich kann nicht einfach einsteigen und mich darauf verlassen, dass der Zug an mein käuflich erworbenes Ziel fährt.

Es kann nämlich sein, dass ein Teil nach Klagenfurt, einer nach Karlsruhe und einer nach Kufstein fährt. Service am Kunden sieht für mich anders aus – obwohl man gewillt ist, die Fahrkarte aufzustocken, weil der Wunschzug gerade mit den Rücklichtern winkt, weil man sich irrtümlich im Abteil nach Hintertupfing befand. Und am Schalter mit einem „Sie müssen beim Schaffner eine neue Karte kaufen" abgespeist wird. Sie merken schon: Ich bin unrund.

Also wieder zurück nach Hause, Auto anwerfen, tanken und ab auf die Autobahn, glücklicherweise zweispurig. Und während ich in meiner Wutwolke wabere und mich über das schleichende, schwarze Bonzenauto vor mir aufrege, fällt mein Blick auf dessen Kennzeichen. Es kommt von dort, wo ich gerade hin will plus der Buchstaben-Kombination „OM 1". Mein erster Gedanke: „In so einem Wagen kann man leicht entspannt sein." Mein zweiter: „Lass los und achte das Zeichen."

Also überlege ich mir, was ich mir alles erspart haben könnte. Das Opfer einer Tröpfcheninfektion durch einen niesenden Sitznachbarn zu werden beispielsweise. Oder einen bleibenden Gehörschaden durch zu laute Kopfhörermusik zu bekommen, weil ich mir das sinnfreie Geblubbere der anderen Passagiere nicht anhören möchte. Oder eine Zugentgleisung, weil selbst der Lokführer mit seinem Handy herumtaddelt auf der Suche nach Internet.

Spätestens am Chiemsee bin ich wieder rund und kugle dem Geburtstagskind, dem Grund meiner Reise, mit einem Lächeln entgegen.

Von freiwilliger und erzwungener Selbstkontrolle

Neulich an einem Samstagabend. Verabredung mit einer Freundin zum Flüchtlingsfest. Ehrenamtliche Sprachtrainerinnen sollten da hin, wenn ihnen an der Sache was liegt und sie sich nicht gerade mit Meteoriteneinschlägen oder Mottenschwärmen in der Sockenlade herumschlagen müssen.

Ich weiß nicht, was ich erwarte. Vielleicht den einen oder anderen meiner „Schützlinge". Vielleicht Musik jenseits des Mainstreams. Auf jeden Fall ein ähnliches Gefühl, das mich auf Reisen in den Orient überkommt. Ein „arabisches" quasi. Natürlich ist mir klar, dass es da nichts über einen Kamm zu scheren gibt, dass Afghanen ganz anders ticken als Ägypter oder Algerier. Und doch haben sie eines gemeinsam: die männliche Energie.

Auf irgendeine Art schaffen es diese Männer, das Yin und Yang in sich zu vereinen. Sie tragen Kleider (sprich Kaftane) und setzen ihr Leben aufs Spiel. Sie tanzen und küssen sich, während sie für eine bessere Zukunft ihrer Familien kämpfen. Sie lieben ihr Land, wissen kaum, was sie erwartet, wenn sie es verlassen und tun es trotzdem. Und selbst in der Rolle des Bittstellers bleiben sie würdevoll. Das ist mit viel Selbstbeherrschung verbunden, die nicht immer glückt. Und ich bin weit davon entfernt, diese fehlgeleiteten Auswüchse gut zu heißen. Doch das Pars pro toto – Prinzip auf diese Gruppe anzuwenden, halte ich schlichtweg für verkehrt.

Auf der Tanzfläche – das Verhältnis zwischen Frauen und Männer liegt bei 1:5 – explodiert die Lebensfreude. Letztere feuern sich gegenseitig an und beklatschen die Bewegungen des anderen, auf die jede Bauchtänzerin nach zehn Jahren Übung noch neidisch wäre. Ich spüre den Willen zum Loslassen des Flüchtlingsalltags, des Wartens, Hoffens, Bangens. Diese Männer sind vollkommen im Augenblick und lassen sich vom Rhythmus tragen. Wir Frauen sind Teil, tanzen alleine oder mit den Männern, die sich in respektablem Abstand auf die westlichen „Moves" einstellen. Bei einem heimischen Clubbing ist das mit der Distanz keine Selbstverständlichkeit.

Geschweige denn beim Baden. Da sehnt man sich an einem heißen Tag nach Abkühlung unter einem schattigen Baum, mehreren Runden im See und Ruhe für sich. Natürlich hat man Fachliteratur dabei, damit man sich an einem ganz normalen Montag nicht wie ein Arbeitsdieb fühlt. Man schaut auch rein, lässt sich aber gerne von der Sonne ablenken, die durch die Zweige der Trauerweide blinzelt. Kurz und gut: man ist zufrieden. Doch bevor man zum frohen Brummen ansetzt, bemerkt man einen Mann. Einen, der einem aus dem Vorjahr in unangenehmer Erinnerung ist, weil er einem nicht nur aufs Handtuch gerückt ist, sondern auch den Unterarm mit einem französischen Baguette verwechselt und reingebissen hat. Gut, dass die Badetasche groß genug ist, um sich in der ersten Aufwühlung dahinter verstecken zu können. Doch hat man als 50jährige keine anderen Lösungskompetenzen für so eine Situation?

Doch. Man geht Kaffeetrinken und beobachtet aus der Ferne. Und wenn man sich sicher ist, dass der Mann im Wasser ist, wechselt man unauffällig den Liegeplatz. Guter Plan – auf den ersten Blick. Der zweite fällt genau in das Gesicht dieses Mannes, der einen – oh Schreck! – wiedererkennt. Und los startet. Und wieder Kontakt aufnimmt. Und wieder sein Handtuch neben das eigene legt. Doch man hat sich ja schließlich weiter entwickelt und antwortet auf die Ansage: „Ich war Dir letztes Jahr lästig" großzügig mit „Nein, Du warst mir nur zu nahe." Allerdings stellt sich heraus, dass man einen ähnlichen Prozess von einem inzwischen über 60jährigen nicht erwarten kann, denn der Arm, der einen an Knie, Arm und Unterschenkel angreifen will, sitzt immer noch locker. Und bevor man wieder gebissen wird, greift man zu Disziplinierungsmaßnahmen und streckt jedes Mal den Finger wedelnd in die Luft, wenn sich die Hand in die eigene Hälfte bewegt. Irgendwann rücke ich mein Selbstverständnis wieder gerade, bestärke mich darin, als Dompteuse eines Pensionisten untauglich zu sein und mache mich auf den Heimweg. In der Disco zwischen Männern aus Afghanistan, Syrien und Somalia habe ich mich sicherer gefühlt.

12
Venezianische Versprechen und komische Konventionen

„Haltet Euch von Männern fern!" Diese Botschaft erreicht eine Freundin und mich dieser Tage von einer Leidgeplagten. Und sie ist nicht die einzige. Eine andere, die nach zwei Ehen eigentlich wissen müsste, was Zusammenleben bedeutet und es trotzdem ein drittes Mal versucht hat, atmet jedes Mal auf, wenn der Betreffende ihre vier Wände wieder verlässt. Und dann ist da noch dieser Fall, wo eine Frau schon gar nicht mehr weiß, warum sie ihren Mann geheiratet hat und deshalb das Ehejubiläum verweigert.

Ich mag Männer. Sogar sehr. Und oft auch solche, die nicht jedermanns und jederfraus Sache sind. Die Ecken und Kanten haben, abstruse Absichten in die Welt hinaus tragen und dann doch ganz anders handeln. Sogar solche, die mich als Klagemauer benützen, allerdings ist meine Geduld in solchen Fällen eher endenwollend. Eine wortgewandte Freundin erinnert mich in diesen Fälle immer daran, dass ich mit meiner Lösungsorientiertheit „Perle vor die Säue" streue. Muss ich noch verinnerlichen, ist so eine Affekthandlung bei mir, dass ich Probleme lieber aus der Welt schaffe, als mich darin zu suhlen. Aber gut, solche Menschen muss es offenbar auch geben. Was sollte man sonst mit dem ganzen Schlamm auf der Welt anfangen?

Wie gesagt, ich mag Männer. Doch ich frage mich auch, warum diese Zugewandtheit bei manchen Frauen mit den Beziehungsjahren abnimmt. Als ich noch in einer eheähnlichen Gemeinschaft lebte, war mein Leben ziemlich abwechslungsreich. Dass dann gewisse Umstände, die außerhalb meines Wirkungsbereiches lagen, das änderten, war unabsehbar. Wäre das nicht passiert, würde ich wahrscheinlich heute noch jeden Tag zwei fleischige Mahlzeiten kochen, beim Spazierengehen schwere Silberringe in meiner Hand spüren und Anfang September des Tages gedenken, an dem ich diesen Mann in mein Leben gelassen und dem ich unter der Seufzerbrücke Liebe und Treue versprochen habe. Und das alles ganz wunderbar finden. Doch das Leben verändert sich, Menschen verändern sich. Und so stellten sich für mich damals die Fragen: „Bleibe ich meinem Versprechen treu? Kann ich es überhaupt, ohne mich selbst dabei zu vergessen? Bleibe ich mir oder ihm treu?"

Es war eine harte Nuss, die ich da zu knacken hatte. Ich merkte, dass ich mit meinem venezianischen Versprechen zwar vollen Herzens, aber doch hauptsächlich mir selbst eine Verbindlichkeit abgerungen hatte. Stur wie ich nun mal bin, hielt ich gegen den Fluss des Lebens daran fest, denn „Versprochen ist versprochen und wird auch nicht gebrochen." Doch irgendwann einmal hatte mein Sturschädel so viele Beulen, dass ich das Gefängnis erkannte, in das ich mich selbst gesteckt hatte. Und das hatte mit der Treue zu mir selbst gar nichts mehr zu tun.

Wenn ich nun mit Frauen konfrontiert bin, die mit sich und ihren Männern hadern, denke ich immer daran, wie sehr sie sich in ihre eigenen Erwartungsgefängnisse einliefern. „Das tut man nicht." „Ich habe ihm doch versprochen, dass...". „Ich kann doch nicht einfach aufgeben." Und diese Sätze fallen nicht selten mit brüchiger Stimme, weil der Energielevel schon unterirdisch ist, die Klarheit über sich selbst einem Moorsee gleicht und Versprechen ohnehin bereits einseitig und/oder offensichtlich gebrochen wurden. Und trotzdem halten diese Frauen fest. Ich frage mich, ob es etwas damit zu tun hat, dass unbewusste Muster aus einer Generation übernommen werden, die tatsächlich ihre Männer manipulieren musste, weil das die einzige Möglichkeit war, „zu etwas zu kommen." Ich erinnere mich an meine Großmutter, die meinen Großvater unermüdlich bearbeitet hat, bis sie bekam, was sie wollte – weil sie es als Hausfrau einfach nicht alleine wuppen konnte. Weil sie trotz ihrer inneren Unabhängigkeit äußerlich abhängig war. Zu mir sagte sie immer: „Du musst raffiniert sein, damit du bekommst, was du willst." Ich hab' das nie verstanden, denn ich war darauf gepolt, mein eigenes Leben zu gestalten und es nicht von einem Mann abhängig zu machen. Doch ich merke verstärkt, dass offensichtlich selbständige Frauen an einem gewissen Punkt wieder in das „Oma-Schema" zurückfallen. Es sich nicht zutrauen, zu sich selbst zu stehen und lieber den Konventionen Genüge tun. Und die Frage nach der Liebe schon gar kein Thema mehr ist. Mädels, Ihr habt nur EIN Leben. Liebt es! Liebt Euch! Und dann die anderen.

18
Unvergessen

Nach den engagierten Kommentaren auf meinen Beitrag von letzter Woche wäre es eine g'mahte Wies'n, das eine oder andere aufzugreifen und weiter zu spinnen. Doch mir ist weniger danach, Öl ins Feuer zu gießen als vielmehr eines Menschen zu gedenken, der zu den Zeilen von letzter Woche inspiriert hat.

Sie hatte warme, braune Augen, die immer neugierig schauten, aber selten etwas von sich selbst preisgeben wollten. Sie bezauberte Männer in einer Zeit, wo die Jungfräulichkeit noch über allem stand, bevorzugt vor der Ehe. Sie fuhr alleine mit ihrem Motorrad durch die Gegenden Österreichs, als die Individualisierung bei weitem noch nicht so fortgeschritten war wie heute und keiner etwas von Single-Reisen wusste.

Ihr Mann heiratete sie, weil sie sparen konnte – der rote Faden spann sich durch ihr 102jähriges Leben. Und formte sich mit ihren anderen Lebensthemen Kochen und Familie zu einem dicken Zopf. Über 60 Jahre blieb sie an seiner Seite, nicht immer aus Überzeugung. Vielleicht war es die finanzielle Abhängigkeit, vielleicht die gesellschaftliche. Doch da sie täglich ihre Kassabücher füllte, wusste sie besser als jeder andere, wie viel sie sich auf die Seite gelegt hatte. Und das gesellschaftliche? Sie war zwar immer „die Gattin von..." und hatte keine Freunde im heutigen Sinne. Doch den unabhängigen Geist aus ihrer Jugend hatte sie sich insofern bewahrt, dass ihre Ideen immer einen Hauch von

Unkonventionalität behielten. Aus meiner heutigen Perspektive halte ich es wahrscheinlich, dass sie geblieben ist, „weil nichts besseres nachkommt." Als ihr Mann sie für immer verließ, erzählte sie jedem: „Jetzt bin ich endlich frei."

Es gab und gibt Menschen, die sie für hartherzig hielten. Und tatsächlich kannte sie in manchen Dingen und Situationen kein Pardon. Sie war hart im Nehmen, verhandelte auf den Märkten wie ein Berber und war verbissen in ihrem Hadern mit der Kirche. Erst gegen Ende ihres Lebens wurde sie sanfter mit „dem Herrgott", vor allem weil sie wissen wollte, warum er sie einfach nicht sterben ließ. Denn sie hatte gemerkt, dass man mit Steinbockhörnern nicht immer zum Ziel kam. Als sie zum Frieden gefunden hatte, konnte sie auch ganz ruhig einschlafen.

Nicht nur mit der Kirche, auch mit mir war sie in den Ring gestiegen. Unsere Liebe war vielen Verwerfungen ausgesetzt, vor allem während meiner Pubertät. Bis dahin lernte ich, wie gemütlich und genüsslich man kochen kann, wie sinnlich Einkaufen war und vor allem, wie bedingungslos Liebe sein kann. Als sich ab dem 14. Lebensjahr mein Hirn neu zu strukturieren begann und mein Denken sich verselbständigte, wurde es gelinde gesagt schwierig. Denn für einen jungen Menschen gibt es einfach viel mehr zu bedenken als Kochen, Geld und Familie. Einer Frau Fernweh zu erklären, die nie einen Fuß in ein Flugzeug gesetzt hatte, war unmöglich. Ihr vorher von einer Reise zu erzählen, eine ganz schlechte Idee. „Ich will nur wissen, wenn Du wieder heil zurückgekommen bist", war ihre Art des Selbstschutzes, der sie vor Gedankenspiralen der Angst beschützten. Wie ich auch ihre Angst nie verstehen konnte, die sie tagtäglich nach Sonnenuntergang ihr Haus verriegeln ließ, damit sie sich in Ruhe „Aktenzeichen XY" anschauen konnte. Die sie Dutzende von Autositzbezügen durchschaben ließ, wenn sie in das Auto ihres Mannes stieg. Die sie in ihren Träumen auslebte, von denen keiner was hören wollte. Ich schon.

Nach zehn Jahren Kampf, den eher ich anzettelte, während sie versuchte, in der Liebe zu bleiben, entspannte sich das Verhältnis langsam. Und sie begann, mich dort zu unterstützen, wo es mir gut tat. Vielleicht war es mein zunehmendes Alter, vielleicht aber auch ihr Stolz, dass ich meinen eigenen roten Faden spann. Schon ihr Mann hatte immer gesagt, dass man sich um mich keine Sorgen machen müsse; sie verstärkte dieses Mantra noch um „Du bist eine starke Frau." Das war etwas, woran ich mich aufrichten konnte, das mir aber auch zur Hypothek wurde. Als sie vor zwei Jahren ging, nahm sie eine Kraft mit, die gespeist war von Disziplin, Konsequenz und Bedingungslosigkeit. Ich vermisse meine Oma jeden Tag.

14
Pippi und der Bergsee

Jetzt hat mich tatsächlich ein Mann entlarvt. Rote Schuhe, Ohrring mit einer baumelnden Mikromaus, humorvoll – und ich dachte schon, die Männer mit Klarsicht gibt es nur in der Brillenwerbung.

Neulich bei einem Konzert mit 70er Jahre-Funk-Rock-Soul-Crossover-Beschallung. Meine schick beschuhte Freundin und ich warten bei einem Feierabend-Bier auf den ersten Gitarrenakkord, tauschen uns über Mängel und Männer aus. Wir lachen viel, was die Blicke anderer auf uns zieht. Offenbar ist es immer noch nicht in der Mitte der Gesellschaft angekommen, dass diese Art von Muskelarbeit extrem entspannt. Manche gehen lieber ins Fitness-Studio, als eine Miene zu verziehen. Dabei kommen durch ein herzhaftes Lachen rund 100 Muckis in Bewegung – diese Maschine muss mir erst jemand zeigen, die das schafft. Aber da sollte ich vorsichtig sein, denn meine beiden Leihsöhne gehen beide dorthin zum Bodyshapen und lieben es, meine Weltsicht zu erschüttern.

Meine Freundin und ich waren trotzdem ziemlich fit und wild entschlossen, nach einem eher tanzfreien Sommer endlich wieder in Schwingung zu geraten. Warmlachen statt Warmlaufen quasi. Irgendwann setzte sich ein Mann zu uns auf die umdrahtete Mauer und flocht sich behutsam in unser Gespräch. Achtung Klischee! Wir unterhielten uns gerade über Schuhe, und da konnte er gut mithalten, denn seine Sneakers waren roter als das Gummiboot. Er erzählte, dass er reifere Frauen spannender findet als junge und 17 Jahre in Goa verbracht hätte. Ja, auch dieses Klischee hat er erfüllt. Doch seine Augen waren blau wie der berühmte Bergsee – was bringt mich nur dazu, so etwas zu schreiben? Wie auch immer. Was davon ablenkte, war eine kleine weiße Maus, deren Schwanz an einem Schmuckdraht befestigt war. Sie gewann immer wieder den Entscheidungskampf um die Frage, wo man denn zuerst hinschauen soll – so blau konnte der Bergsee gar nicht sein.

Wir blödelten hin und her, wie es manchmal nur zwischen Fremden geht, weil man nichts zu verlieren hat. Und erfuhren darüber hinaus, dass er sich der digitalen Welt verweigert, der Elektronik nur in Form einer Stereoanlage huldigt und 58 Jahre alt ist. Ein wenig zweifelte ich an seiner Elektronikabtrünnigkeit, denn seine überaus kreative Frisur ist ohne einen Haarschneider nicht zu bewerkstelligen. Ersparen Sie mir eine Beschreibung – mir fehlen die Worte. Und sie fehlten mir auch, als er plötzlich in meine Richtung sagte: „Du bist eine Pippi Langstrumpf."

Ich habe keine Ahnung, wie er zu dieser Einschätzung kam, doch ich habe mich selten so wahrgenommen gefühlt. Ich besitze zwar weder das Äffchen noch ein Pferd, schon alleine deshalb, weil ich letzteres nie tragen könnte und es in meiner Welt ja genau umgekehrt sein müsste. Das mit dem Affen passiert nur dann, wenn mir wieder einmal jemand den seinen auf die Schulter setzt und ich mir eine Strategie überlege, wie ich ihn loswerden kann. Gut, das mit dem Haus stimmt, auch dass es bunt ist – doch sieht man einem Menschen an, in welcher Art von Immobilie er wohnt?

Das letzte Mal, als ich meine Haare zu Zöpfen zusammen gebunden hatte, fällt in meine Volksschulzeit, schon damals wurde mir auch beigebracht, immer zwei gleiche Strümpfe anzuziehen. Was mich dazu bringt, dass meine Mutter sehr lebendig und mein Vater alles andere als ein Südseekönig ist. Er ist sehr reisefreudig, doch dass er eine Affinität zum Taka-Tuka-Land hätte, entging mir bisher. Womit sie mich allerdings – rein genetisch – ausgestattet haben, ist der Mut, über den ich mich selbst oft wundere.

Nicht, dass ich das absichtlich täte. Doch irgendwie mache ich schon Dinge, die anderen gar nicht in den Sinn kämen. Alleine verreisen zum Beispiel. Vermeintlich indiskrete Fragen stellen. Mit Wildfremden mitgehen, nur weil man die beste Aussicht auf den „Palast der Winde" erhaschen will. Oder mich mit Fremden zu unterhalten, die eben nicht dem Durchschnitt entsprechen. Stromlinienförmig fand ich immer schon langweilig, unabhängig vom Geschlecht. Ich wollte und will mich mit etwas beschäftigen, was konträr zu mir ist, was mich bereichert und zu meiner Entwicklung beiträgt. Auch wenn das hin und wieder zur Folge hatte, dass ich mich fragte, wozu diese Erfahrung jetzt wieder gut war. Im Nachhinein stellte sich der tiefere Sinn stets heraus. Bis zum heutigen Tag. Und genau das finde ich spannend.

Vielleicht hat der Rotbeschuhte meine Pippi-Mentalität an meiner Haremshose und den Pommel-Sandalen abgelesen, mit denen „man einfach nicht zu einem Rockkonzert geht." Oder seine Bergsee-Augen haben tatsächlich tief geblickt. Nach seinem Namen habe ich ihn nicht gefragt, ein Wiedersehen bleibt dem Zufall überlassen. Habe ich eine Chance verpasst?

15
Das Herz auf die Schaufel nehmen

Oft übersieht man den Zeitpunkt, wo die emotionale Leere eintritt. Es ist ja nicht so, dass aus diesem Vakuum eine Stimme sagt: „Ich bin dann mal weg!". Nein, meist stellt man fest, dass man einen Zustand aufrecht erhalten hat, der von jedem anderen Gefühl getragen wurde, nur nicht von Liebe.

Mir wird hin und wieder vorgeworfen, ich sei radikal. Und wenn ich mir dieses Wort anschaue, das vom lateinischen radix „die Wurzel" abstammt, dann schiebe ich meinen ersten Schimpfimpuls gleich wieder in meinen Rachen zurück. Denn in diesem Sinne bin ich tatsächlich radikal. Ich gehe Dingen an die Wurzel, und wenn ich sie gefunden habe, kann es passieren, dass ich die Dinge samt der Wurzel ausreiße. Zu meiner Verteidigung muss ich sagen, dass ich seeeeeeeeehr lange warte, bis ich das tue, denn ich bin alles andere als von der schnellen Truppe, wenn es ums Graben geht.

Natürlich möchte ich das manchmal gerne schneller tun, doch da kommt mir dann das Wetter oder die Katze dazwischen, die das werdende Loch als neue Toilette missbraucht. Der Wind weht Blätter hinein, die Arbeit zwingt mich an den Laptop oder Besuche erfordern meine Aufmerksamkeit. Währenddessen, vor allem in diesem regnerischen Sommer, erobert sich das Unkraut den Platz zurück. Doch ganz hinten in meinem Kopf grabe ich weiter. Und sitze. Und sitze. Und sitze. Meist bis lange nach Mitternacht, wenn ich einen vollen Tag hatte und dem grabenden Denken wenig Raum schenken konnte.

Da wird Schicht für Schicht abgetragen, jeder noch so kleinste Fortschritt gefeiert und am nächsten Morgen wieder betrauert, weil er nicht den nachhaltigen Erfolg bringt. Mit sachlichen Themen geht es leichter, bei emotionalen schwerer. Denn meist hängen sie mit einem Gegenüber zusammen, das sich am Ende nie kontrollieren lässt. Das natürlich seine eigene Sicht, seinen eigenen Kopf, seine eigene Gedankenwelt hat.

Mir ist bewusst, dass man Menschen kaum ändern kann. Deshalb versuche ich stets, an meiner Einstellung ihnen gegenüber zu arbeiten. Darauf fußt auch meine Vorliebe zum Graben. Und ja, es kann ziemlich weh tun, dieses Buddeln und das daraus folgende Entdecken von Eigenseiten, die wenig schmeichelhaft sind. Das Gute: Irgendwann einmal integriert man die Schattenseiten, erkennt sie an und ist mit ihnen im Reinen. Und sieht plötzlich die wahren Gefühle hinter einem Problem.

Wenn man beispielsweise einen Menschen liebt und merkt, dass der Sand im Getriebe immer mehr wird, hat mich mein erster Weg stets in die Selbstoptimierung geführt. Und das Wundern darüber, dass die Menge an Sand weiter wuchs, war groß. Aus der daraus resultierenden Verzweiflung heraus griff ich zur Schaufel, zwängte sie dem Gegenüber auf und nahm sie wieder an mich, weil es zu wenig Engagement zeigte. Und grub. Und funktionierte. Und grub. Und funktionierte. Das zog sich manchmal jahrelang dahin. Als mir dann das letzte Mosaiksteinchen an den richtigen Platz fiel, schaute ich beglückt auf das frei gelegte Bild und weinte trotzdem. Weil ich plötzlich feststellte, dass ich in dieser Phase des Grabens so darauf fokussiert war, dass mir genau das abhanden gekommen war, was mich zum Buddeln gebracht hatte: die Liebe.

Kürzlich wollte ich ein Traktat über die Liebe schreiben, was sie ausmacht, was sie bewirkt, wie sie bereichern und erheben kann. Ich konnte keine einzige Zeile schreiben, obwohl dieser Text einen Menschen erreichen sollte, dem mein Herz gehörte. Und wieder wollte ich graben und nach der Ursache dieser Schreibblockade suchen. Doch dann merkte ich, dass mein Herz still und heimlich zu mir zurück gekehrt war. Mir die Schaufel aus der Hand nahm und mir zuflüsterte: „Es ist genug."

16
~~Aktiv oder aktiviert~~

Es könnte am fortgeschrittenen Jahr liegen. Auch an der Tatsache, dass wir Frauen ab Oktober umsonst arbeiten, wie die aktuelle Statistik zum Equal Pay Day zeigt. Die Erschöpfung vieler Frauen könnte aber auch darauf zurück zu führen sein, dass sie in Aktivitäten gefangen sind, statt in Aktion zu treten.

Das Kratzen an den letzten Energie-Reserven ist keine Frage des Alters. Ich habe 20jährige in meinem persönlichen Umfeld, die sich so mit ihrer Arbeit identifizieren, dass sie für ihre Entwicklung, für das, was das Leben an neuer Freude bereit hält, keine Kraft mehr haben. Es gibt 30jährige, die sich zwischen Kinder und Karriere derart aufreiben, dass sie weder das eine noch das andere zu ihrer wirklichen Zufriedenheit erledigen können. Die – wenn sie keine Familie haben – erschöpft sind vom Funktionierenmüssen, weil man das einfach muss, wenn man schon keine Kinder hat. Arbeit macht schließlich aus Menschen immer noch funktionierende Mitglieder einer Gesellschaft. Die 40jährigen sind in ihrer Karriere oder ihrem Familienwunsch angekommen, doch gerade das Aufrechterhaltenwollen dieses Zustandes ist mit der Mobilisierung von unglaublichen Kräften verbunden. Und auch die Zweifel, ob denn das für den Rest des Lebens so weitergehen soll, kosten Energie. Last but not least die 50plus-Frauen. Entweder sie schwingen sich zu neuen Ufern auf, kosten eine frische Liebe aus oder beklagen den Niedergang der bestehenden – auch sie greifen auf ihre Reserven zurück, denn ein Neustart benötigt nicht nur einen Geldpolster, sondern auch entsprechende Kraftquellen. Weise Frauen wissen zwar, wie man sich diese erschließt, doch im Auf und Nieder zwischen erwachsenen Kindern, kindlichen Ehemännern, Jobs und Ehrenamt kann man den Pfad dorthin schon einmal vergessen.

Ich kenne das alles, jedes einzelne Stadium davon. Und ich habe viel Energie auf diesem Weg liegen gelassen. Nicht selten habe ich gehört, dass ich diese doch viel besser einsetzen könnte, sinnvoller, gewinnbringender. Doch das wollte ich nicht hören, weil schließlich kein anderer in meinen Schuhen steckte. Und ich abgesehen davon immer schon ziemlich stur darin war, mein eigenes Ding zu machen. Ausgetretene Pfade – langweilig! Wohlmeinende Tipps – unerwünscht! Vernünftige Argumente – nicht mehr als ein Denkanstoß.

Damals wie heute frage ich mich, warum ich meine Energie in Menschen und Situationen gesteckt habe, die mich an den Rand der Erschöpfung und oft auch darüber hinaus geführt haben. Gestern habe ich die Witterung einer Fährte aufgenommen, als ich vom Unterschied zwischen Aktion und Aktivität las. Aktionen startet man dann, wenn es eine Situation erfordert. Konkret, wenn man hungrig ist und isst. Aktivitäten haben ihren Ursprung in der Ruhelosigkeit, deren Wurzeln wiederum in der Vergangenheit liegen. Sie sind also irgendwie zwanghaft. Und deshalb destruktiv. Und energieraubend.

Wenn ich also in meinem Job Aktivitäten entwickle, weil „es sich so gehört" oder „wir das immer schon so gemacht haben" oder „weil das von mir erwartet" wird, ist es nur logisch, dass die Freude daran sinkt, weil der Druck steigt. Wenn ich mich in einer Beziehung befinde, zu der ich mich unter völlig anderen Lebensumständen bekannt, ein Gelöbnis geleistet oder sonstige Versprechen abgegeben habe und ich alles tue, um dem gerecht zu werden, ohne mit dem Herzen in jeder einzelnen Situation dabei zu sein, kostet das Energie. Wenn ich meine Ideale von einem Dasein als guter Mensch auf Biegen und Brechen erfüllen will, obwohl ich Tag für Tag abgewatscht werde dafür, ist der Tank schneller leer als man ausweichen kann.

Ich neige sehr dazu, dieser Unterscheidung zuzustimmen. Meine Wochen sind voll mit Tätigkeiten und Menschen, die mir ein Herzensanliegen sind. Doch als ich kürzlich in einer dieser Wochen drei Termine hatte, bei denen ich mit halbem Herzen dabei war, musste ich mich am Donnerstag um 20:30 Uhr ins Bett legen. Sie hatten vor Wochenende meine Reserven aufgebraucht. Seitdem überlege ich mir bei allem „Wolle, was komme" (siehe Blog vom 27. Mai) sehr genau, ob mein Herz dafür schlägt. Ob es das Reagieren auf eine Situation oder das Reagieren aufgrund von Mustern ist. Jetzt sind meine Tanks wieder voll.

17
~~Höher, weiter? Neu, schneller?~~

Neulich in der Großstadt. Ich weiß, wann ich wo sein soll, wie ich dorthin komme und was ich dort wie lange zu tun habe. Was wie ein Abfragen der journalistischen W-Fragen klingt, ist in meiner Welt Fokussierung. Das von anderen zu erwarten, stellt sich immer wieder als Fehler heraus.

Wir alle haben bei unserer Geburt einen relativ überschaubaren Zeithorizont zur Verfügung gestellt bekommen. Auch wenn die moderne Medizin diesen inzwischen immer weiter in Richtung Unendlichkeit zu schieben scheint, ist meine Generation doch noch eher befristet auf diesem Planeten. Ein Lebenserwartungsrechner hat mir kürzlich „88" ausgeworfen, was im Prinzip noch ein ganzes, weiteres Leben bedeutet. Ich habe mich gefreut, vor allem, weil sich dieses Ergebnis TROTZ meines Raucherlasters ergeben hat. Doch das ist eine anderer Geschichte.

Auf jeden Fall: Ich bin wild entschlossen, dieses weitere Leben so positiv und erfreulich zu gestalten wie nur möglich. Erleben, was auf dem Weg liegt. Lernend verfolgen, was mich fasziniert. Gestalten, was diese Welt an Spielraum eröffnet. Und dazu gehört das Staunen über ein Spinnennetz ebenso wie das Perfektionieren von Bauchtanzen und das Unterstützen von Menschen, die andocken (wollen). Ich finde das alles gerade sehr an- und aufregend. Leben eben.

Um das alles zu erfüllen, muss ich allerdings aus dem Haus. Und da fängt das Gebremse schon an. Wenn ich meinen himmelblauen Flitzer aus der Einfahrt ruckelt, kommt bestimmt ein anderes Auto daher, das unbedingt und am liebsten gestern vorbei will. Das gleiche passiert übrigens, wenn ich heimkomme und dabei für zehn Sekunden die heimatliche Nebenstraße blockieren muss. Fahre ich mit dem Bus, musste ich heuer im sommerlichen Festspielstau registrieren, dass ich zu Fuß schneller in der Stadt gewesen wäre. Der kürzlich stattgefundene Tag der deutschen Einheit hat alles rundum so dicht gemacht, dass ich für normale fünf Minuten das Neunfache an Zeit gebraucht habe. Das Auto als Symbol von Freiheit? Ich hoffe, Sie hören mich lachen. Laut. Mit einem leicht hysterischen Unterton.

Befinde ich mich dann schlussendlich unter den Menschen, komme ich mir vor wie Melvin Udall in „Besser geht's nicht". Der auch keine geraden Wege gehen kann, weil immer irgendetwas in seinem imaginären Gehfluss liegt oder steht. Nicht, dass ich an einer Zwangsneurose leiden würde – ich möchte einfach nur ankommen. Doch auf geheimnisvolle Art und Weise werden mir grundsätzlich Menschen über den Weg geschickt, die es GAR NICHT eilig haben. Ich habe es ja auch nicht eilig, sondern nur meine eigene Geschwindigkeit. Weshalb mich meine Eltern daher immer wieder fragen, ob ich auf der Flucht sei. Nein, lieber Vater!

Einkaufen beispielsweise ist für mich eine praktische Angelegenheit. Ich brauche etwas, also gehe ich in das passende Geschäft und erwerbe es. In der Außenwelt allerdings bekomme ich verstärkt das Gefühl, dass Einkaufen gehen eine Freizeitbeschäftigung ist. Ein Hobby quasi. Statt sich die Natur oder Architektur anzuschauen, geht man shoppen – unabhängig, ob man etwas braucht oder sogar kauft. Schaufensterbummel hat man das früher genannt, und schon als Kind verfing sich bei mir der Sinn dahinter nicht. Die Parallele zu Katalogen und Werbeprospekten liegt auf der Hand: Bedürfnisweckung. Und statt Bedürfnisse im Voraus zu klären und sie dann gezielt zu befriedigen, scheint diese Klärung heute ein ständiger „work in progress" zu sein. Überlegen im Gehen, quasi. Und das geht eben nur langsam. Zu langsam für mich.

Oder hängt das mit einer gewissen Ziellosigkeit zusammen? Dass man zwar „rausgeht", aber im Grunde nicht wirklich weiß, warum? Weil es tausend Dinge zu tun und zu sehen gibt und man sich einfach nicht entscheiden kann oder will? Es stimmt schon: Das Gehen bringt etwas in Bewegung. Bei meinen täglichen Spaziergängen merke ich das immer wieder. Allerdings nur, wenn ich meine Geschwindigkeit selbst bestimmen kann. Wird sie „von außen" beschränkt, gerate ich in Stockung. Auch innerlich. Und beginne mich zu fragen, ob kein Bewusstsein dafür vorhanden ist, dass unser Dasein viel Schöneres bereithält, als ziellos durch die Straßen zu wandeln. Ich bin auch manchmal eine Herumtreiberin und genieße das auch. Doch unter zwei Schritte pro Sekunde komme ich selten. Warum auch? Sehe ich dadurch weniger Reizvolles, Betrachtenswertes, Aufregendes? Mitnichten. Ein

Blick in die Gesichter der Langsamgeher zeigt mir immer wieder: Wer einen halben Meter pro Sekunde bewältigt, ist richtig schlecht gelaunt. Verstehe ich. Nur bitte hinter mir, wenn's geht. Ich hab' noch ein ganzes Leben vor mir.

18
Turkish Delight

Mein Jahresurlaub beschränkt sich normalerweise auf drei bis vier Wochen nach Weihnachten. Da kann ich gut entspannen und Abstand gewinnen, meine Füße im Sand vergraben, während andere Millionen in die Luft ballern. Doch manchmal wird die Zeit lange bis dahin. Da brauche ich dann eines ganz dringend: Orient.

Es ist ja derzeit wenig populär, dorthin zu reisen. Und nach meiner Rückkehr aus Istanbul erfahre ich, dass in der Zeit, wo ich meinen Kaffee und staubbezuckerte Blätterteig-Schichten zum Frühstück eingenommen habe, in Antalya eine Autobombe explodiert ist. Hat das die Stadt am Goldenen Horn erschüttert? Nicht dass ich irgendwas gespürt hätte. Was ich sehe, ist eine leicht erhöhte Polizeipräsenz. Doch da ich einer Generation angehöre, die die Exekutive eher als Schutz denn als Bedrohung empfindet, fühle ich mich sicher. Auch nachts, wenn ich durch den armenisch geprägten Stadtteil Kumkapi zu meinem Hotel schlendere. Die Armenier sind ja auch nicht gerade beliebt dieser Tage, vor allem bei der türkischen Regierung. Doch auch davon ist wenig zu spüren. Die Menschen gehen ihrer Weg, betreiben ihre Geschäfte, gehen Arm in Arm oder sitzen gemütlich beisammen.

Es ist mein drittes Mal in dieser Stadt, und ich will sie mir neu erobern. Einen frischen Blick auf Hagia Sophia und Blaue Moschee, den großen Bazar und das Treiben bekommen. Warum, ist eine andere Geschichte. Also lade ich meine Sachen in einer verkehrsberuhigten, aber bescheidenen Unterkunft ab und wandere. Vorbei an alten Holzhäusern, Parks mit spielenden Kindern, Männern mit Wägen voller Sesamkringel, die mir freundlich angeboten werden. Meine Ablehnung wird ebenso freundlich akzeptiert. Es heißt ja sehr oft, dass man als Frau in orientalischen Ländern einen schlechten Stand hat. „Lästig" fällt in diesem Zusammenhang häufig, wenn es um die versuchte Kontaktaufnahme zwischen Männern und Frauen geht. Und natürlich wollen die Einheimischen ein Geschäft machen – wir etwa nicht hierzulande?

Ich werde in diesen Ländern häufig angesprochen, nicht immer bleibe ich stehen oder sage „Ja" zu etwas. Doch ich empfinde es als selbstverständlich, mich mit einem Lächeln, einer Antwort oder beidem für die Angebote zu bedanken. Und manchmal ergibt sich ein Gespräch daraus, ein Glas Tee und der Blick in ein anderes Leben. Das trägt mich durch die Straßen, ich spüre mich und mein Strahlen, das andere wiederum erfreut. Sie helfen mir, wenn ich mich im großen Bazar verlaufe, Räucherstäbchen suche und bieten mir an, aus dem türkischen

Kaffeesatz meine Zukunft zu sehen. Und sie wollen mich ins Nachtleben einführen, was mein Lächeln zu einem Grinsen verbreitert.

Als ich das einem jungen, mir nahe stehenden Menschen erzähle, lese ich ein „Nichts wie weg da!". Eine Freundin rät mir, mit Ignoranz auf die Worte „I have electricity for you" zu reagieren. Ich lehne also ab, was eine andere Freundin zur Frage bewegt: „Ist er nicht heiß genug?" Das bringt mich zum Nachdenken, während die Whatsapp-Nachrichten aus dem großen Bazar sekündlich bei mir anbimmeln. Männer können echt schnell schreiben, wenn sie (etwas) wollen!

Ein Grund für meinen Besuch in Istanbul war, dass ich Derwische tanzen sehen wollte. Vor zwei Jahren war ich an der Wiege in Konya, ohne irgendeine Ahnung von Sufismus zu haben. Das habe ich inzwischen nachgeholt und wollte mit diesem Wissen schauen. Als ich das meinem Verehrer (Habe ich schon erwähnt, dass er 30 ist?) gegenüber erwähne, höre ich natürlich, dass er mein ganz persönlicher Derwisch sein könnte. Doch genau das erinnert mich wieder an den Ursprung. An meine Mitte und mein Ziel. Bei allem Charme und aller Kreativität, mich umzustimmen, bringt mich das näher an mich heran. Das „Mmmmmmmh" für den Derwisch überwiegt gegenüber dem „Nnnnnnh" des verlockenden Angebots (siehe Blog vom 2. September „Mmmmmmmmmmh oder Nnnnnnnnnnnh").

Und während sich der Derwisch vor meinen Augen dreht, schraubt sich etwas in mein Herz. Nämlich, dass Istanbul endlich mir gehört. Dass ich meinen Frieden gemacht habe mit dieser Stadt. Dass mich ihre Energie trägt, bis ich wieder meine Koffer packe. Und vielleicht auch darüber hinaus. Wie heißt es in Mehmet Gürcan Daimagülers „Kein schönes Land in dieser Zeit" : „Kismet bedeutet, dass wir nur von den Wellen des Lebens getrieben werden – mal an diesen, mal an jenen Ort." Ich muss Schluss machen – es hat schon wieder gebimmelt.

19
Kirschen aus Platten

Ich habe es wirklich gut erwischt. Nicht nur allgemein im Leben, sondern speziell mit meinen Nachbarn. Zumindest mit jenen auf der linken Seite meines Hauses. Rechts könnte man noch optimieren, doch im Grunde hilft nur Gelassenheit.

Vielleicht ist das ein Muster, das sich durch mein Wohnleben zieht. Die Nachbarn rechts von mir waren irgendwie immer schon verhaltensoriginell. In einer meiner früheren Küchen hatte ich die Wand gegenüber dem Fenster mit Bildern zum Thema Essen dekoriert - kleiner Aberglaube, dass dann der Kühlschrank nie leer werden würde. Eines Tages sprach mich die Nachbarin an und fragte mich, welcher Sekte ich denn anhängig wäre. Mit allem, was mir zur Verfügung stand, drückte ich mein Unverständnis ob dieser Frage aus, und sie erklärte mir dann, dass ich doch lauter Heiligenbilder in meiner Küche hängen hätte und das seinen Grund haben müsste. Ab dem Zeitpunkt, wo ich ihr erklärte, dass es sich um Kartoffel & Co. handelte, verbesserte sich das Verhältnis schlagartig.

Meine aktuelle Nachbarin hatte nur zehn Jahre mit ihrem Ehemann, den sie sehr geliebt haben muss. Dass er so früh von ihr gegangen ist, hat sie jahrelang mit Hunden kompensiert – diese Kläffer kennen Sie bestimmt. Klein, aber laut. Irgendwann erzählte sie mir zwischen Holunder und Haus, dass er vergiftet wurde. Nein, ich war es nicht. Vor einigen Jahren, es war knapp 5 Uhr, hob eine elektrische Heckenschere an, meinen Schlaf durchzusägen. Ich schlüpfte in halbwegs straßentaugliche Kleidung, stürmte in ihre Richtung und forderte sie auf, den Lärm einzustellen, weil ich sonst die Polizei informieren würde. Sie: „Sie mit ihrem g'schlampigen Verhältnis brauchen sich gar nicht aufzupudeln." Trotzdem war dann bis 7 Uhr Ruhe. Da hatte ich schon gefühlte zehn Tasse Kaffee intus, weil ein Einschlafen nach Lärm und Ärger unmöglich war.

Inzwischen ist die Frau über 90, und wer glaubt, dass sich Altersweisheit breit gemacht hätte, irrt. Vor allem nachts. Denn monatelang rief sie bei mir nachts an und forderte mich auf, meine Wärmepumpe abzuschalten und den Wasserfall abzudichten. Sie hörte nämlich Pumpen und Plätschern. Unnütz zu betonen, dass ich weder eine Wärmepumpe noch einen Wasserfall betreibe. Ihr das immer wieder in Ruhe zu erklären, stellte mich auf eine harte Gelassenheitsprobe. Spätestens als sie drohte, die Polizei zu informieren. Also rief ich prophylaktisch dort an und erklärte den Beamten, dass es überhaupt keinen Sinne mache, nachts bei mir vorbeizuschauen, um Geräusche zu überprüfen. Ich würde weder das Telefon noch die Hausklingel hören. Seitdem heißt mein Schlafzimmer „Escape Room".

Kürzlich laufe ich in eine alte Freundin von ihr hinein, die mir erklärt, dass sie „nicht mehr ganz bei den Groschen" sei. Dass auch andere Kontakt mit den Exekutivbeamten gehabt hätten, weil sie ihnen etwas untergeschoben habe, was sich später einfach aufgeklärt hätte. Ich vermutete ja lange, dass meine Nachbarin unter einem Tinnitus leidet und das Pumpen und Plätschern quasi systemimmanent wäre. Sogar meine Nachbarn linker Hand machten den Versuch einer persönlichen Klärung. Leider vergeblich. Was mich zum erfreulichen Teil meiner Yin-Yang-Geschichte bringt.

Meine Nachbarn auf der anderen Seite machen mich einfach nur glücklich. Ob es mit Lachen, Gesprächen, Hilfe oder Information passiert – alles ist in diesem lebendigen Verhältnis vorhanden. Wir teilen Hochzeiten und Trennungen, Gesundheit und Krankheit, Verwerfungen und Erhöhungen. Nicht permanent und täglich, aber immer wieder so, dass wir wissen, was sich im jeweiligen Haushalt gerade tut. Dieses Miteinander gibt mir die Hoffnung zurück, dass weder g'schlampige Verhältnisse noch undefinierbare Geräusche oder Auffälligkeiten aus einer ungewöhnlichen Lebenssituation heraus irgendwas am menschlichen Miteinander ändern können. Nachbarschaftlicher Frieden ist Gold wert – meiner ist aus Platin.

20
Vorweihnachtliches Weinen

Dass so ein Jahr am Ende doch ganz schön viel Kraft gekostet hat, merke ich immer in der Vorweihnachtszeit. Da schreibe ich Briefe und Mails an all jene, die mir lieb und wertvoll sind. Neben mir: eine große Box mit Taschentüchern.

Angefangen mit diesen ausführlichen Weihnachtsbriefen hat mein Vater. Sie waren stets als ein kleiner Jahresrückblick angelegt, manchmal mit Mahnungen versehen, aber hauptsächlich auf das Gute und Schöne konzentriert. Und irgendwann einmal wurde auch in mir das Bedürfnis groß, solche Briefe zu verfassen und zu verschenken.

Das führt allerdings dazu, dass sich meine Besinnlichkeit in Tränen badet. Denn mir wird durch das Schreiben vielerlei klar über die Adressaten. Was sie in diesem Jahr durchlebt, gefühlt und bekämpft haben. Wie sie damit zurecht gekommen sind und/oder sich entwickelt haben. Und welche Bedeutung sie für mich haben. Das drückt sich dann durch Erinnerungen aus, die das fast abgelaufene Jahr geschaffen hat. Und auch wenn ich von Tag zu Tag lebe, beim Schlafengehen wirklich abschließe und mich in der Früh oft gar nicht mehr an Einzelheiten des Vortages erinnere, fallen mir beim Briefeschreiben diese Dinge wieder ein.

Offenbar gelingt mir da die Fokussierung, weil ich mich auf einen lieben Menschen fokussiere. Und da diese Menschen sehr zu meinem Lebensglück und meiner Zufriedenheit beitragen, überwältigt mich in diesen Momenten die Dankbarkeit. Ich bin froh, von ihnen begleitet, mit Hirn- und Herznahrung versorgt und gefördert zu werden. Und ich erinnere mich beim Briefeschreiben an die vielen Momente, in denen ich das ganz konkret gespürt habe. Selten sind es große Verwerfungen oder exorbitante Erlebnisse – vielmehr fallen mir dann die kleinen Gesten, explosives Lachen oder eine Stimmung ein, die ich teilen durfte.

Ich fühle mich in Zeiten des kommerziellen Überflusses einfach reich beschenkt durch die Menschen in meinem Leben. Natürlich gehe ich auch gerne einkaufen, und es macht mir Freude, leuchtende Augen zu sehen, wenn die Verpackung fällt. Und ich freue mich auch über die materialisierten, die ich bekomme. Doch am wertvollsten scheinen mir in der heutigen Zeit gemeinsame Stunden zu sein. Weil sie Herz und Hirn wärmen, weil sie am Ende des Jahres übrig bleiben, weil sie von Wert sind.

Und genau daran erinnere ich mich in meinen vorweihnachtlichen Schreiben, die übrigens inzwischen auch von jungen Menschen sehr geschätzt werden. Anfangs waren sie begleitet von einem Stoßseufzer über die Länge der Texte – jetzt habe ich schon gehört, dass die eigentlichen Geschenke meine Briefe sind. Und vielleicht trägt das ja dazu bei, dass diese Tradition von meinen Kindern eines Tages an ihre weitergetragen wird. Ich bin ja der Meinung, dass man damit nie früh genug anfangen kann, weil jeder diese Art von Zuwendung braucht. Andererseits hat jeder eine eigene Geschwindigkeit – auch beim Briefeschreiben.

So, jetzt muss ich aufhören – kurz vor 12, und meine Zigarettenschachtel ist leer. Briefeschreiben geht nur mit „Fluppen", wie es eine norddeutsche Freundin salopp formuliert. Es sind noch viele Briefe zu schreiben – die Taschentücher liegen bereit.

21
Danke, Manny

In diesen Tagen erleben wir, was es bedeutet, „wie die Jungfrau zum Kind" zu kommen. Und Millionen Christen auf der ganzen Welt sind dankbar dafür, dass sie dieses Ereignis feiern können und dürfen. Mir ist es in diesem Jahr auch oft so gegangen, dass ich zwar nicht zum Kind, dafür aber zu Männern gekommen bin. Andere würden ganz royal von einem „annus horribilis" sprechen – ich bin dankbar für die Erfahrungen und lächle in mich hinein.

Nummer Eins – ich kenne ihn rund 15 Jahre - stürzte mich schon Anfang des Jahres in gedankliche Purzelbäume, weil ich ihm auf meiner 50er-Party einen Job verschaffen wollte. Und obwohl ich das schon frühzeitig angekündigt hatte, kamen wir in terminliche Verwerfungen, die darin mündeten, dass er mich aufforderte, meine Party doch zu vertagen. Frei nach dem Motto: „Wenn Du's eh schon vier Tage nach hinten schiebst, sind vier Wochen doch auch kein Problem." Ich wurde leicht ausfallend. Später besann ich mich und bot ihm vom Flughafen in Doha aus die Friedenspfeife an. Wir wohnen in derselben Stadt – da läuft man sich leicht über den Weg und möchte ja nicht dauernd die Straßenseite wechseln. Die nächsten beiden öffentlichen Treffen verliefen harmonisch und wir verabredeten uns auf einen Kaffee bei mir zuhause. Nach drei Stunden Wartezeit ohne Update, Vertröstung oder Entschuldigung verabredete ich mich mit einer Freundin und frönte dem Kirschbier. Diesem Mann bin ich dankbar dafür, dass er mich gelehrt hat, Männern ohne Manieren jede weitere Chance zu entziehen. Das erste Mal – ja, er war ein Wiederholungstäter – habe ich noch sämtliche Augen zugedrückt. Das passiert mir nicht mehr. Dabei brauche ich niemanden, der mir in den Mantel hilft, meine Hand küsst oder mir an der Türe den Vortritt lässt. Doch ich neige sehr dazu, in Zukunft mehr nach dem Motto „Ein Mann, ein Wort" zu agieren. „Ein Mann, kein Wort" führt zur Eliminierung in meinem Leben.

Was mich zu Nummer zwei bringt. In meinem Blog habe ich mich ja schon einmal zum Thema „Ghosting" ausgelassen, und auch am Ende des Jahres bleibe ich bei meiner Meinung, dass es ein absolutes Unding ist. Nummer Zwei ghostet seit mittlerweile fast 30 Jahren! Wie diese modernen Pop-Up-Shops tauchte er immer wieder in meinem Leben auf, stülpte es auf den Kopf und war dann unerreichbar, wenn es in irgendeiner Form ernst wurde. Wenn die Gefühle zu groß, die Distanz zwischen uns zu gering oder die Möglichkeiten eines Treffens zu konkret wurden. In äußerster Bedrängnis musste dann sogar die gute alte Männergrippe herhalten – als stünden dahinter inzwischen Myriaden von wissenschaftlicher Studien, die deren Existenz belegen würden. Denn nur dann könnten sie als glaubhafte Begründung dienen. Irgendwann platzte mir der Kragen, der inzwischen schon die Dicke eines Minerva-Gipses hatte. Seitdem ist Ruhe in Ghost Town, auch weil ich Adam Lambert berücksichtigt habe: „All my machines had been disconnected." Dankbar bin ich diesem Mann, weil er mich zu meinem Selbstwert zurück geführt hat. Dass er mir durch sein Verhalten klar gemacht hat, dass ich emotionale Stabilität auch im Außen brauche, so groß meine Liebe im Innen auch sein mag. Yo-Yo konnte ich noch nie.

Nummer Drei war mein ästhetisches Highlight. Ein wirklich schöner Mann, freundlich, zuvorkommend, erfolgreich. Anders als mein übliches Beuteschema, aber...WOW! Und abgesehen von der Tatsache, dass er mein berufliches Know-how für einen Apfel und ein Ei anzapfen wollte, wahlweise meine Lösungskompetenz leicht bis mittelschwer überdehnt hat, kann ich von wenig Ärger mit ihm berichten. Außer dass er vielleicht ein wenig schwer von Begriff war, doch das nehme ich gerne auf meine Kappe. Denke ja manchmal um so viele Ecken, dass ich ich mich selbst verirre. Das mit dem Ghosting beherrscht er auch ganz gut, wobei er viel unterwegs ist und zu außergewöhnlichen Zeiten arbeitet – da fällt mir Großzügigkeit leicht. Auch er poppt von Zeit zu Zeit in meinem Leben auf, stellt mich mal seinem Hund, mal seiner Mutter vor und verschwindet dann wieder. Lädt mich zu Veranstaltungen ein, an denen er teilnimmt, sagt mir aber prophylaktisch, dass er keine Zeit hat. Klare Verhältnisse. Der Sinn erschließt sich mir jetzt nicht unbedingt, aber in Jahren wie diesen freue ich mich ja schon über eindeutige Ansagen. Ihm danke ich für die Erkenntnis, dass es zwar ungemein schmeichelhaft ist, einen bekannten und gut aussehenden Mann an der Seite zu haben, dass das allerdings nur bedingt ausreicht. Kürzlich meinte er, ich wäre ihm „zu wenig Tussi", aber eine schöne Frau. Flattering! Wir sind jetzt Freunde.

Nummer Vier hat mir verboten, über ihn zu schreiben. Als könnte mich das abhalten, davon zu erzählen, dass er mich mit sexuellen Angeboten verfolgt. Nein, er ist kein Stalker, sondern einfach jugendlich leichtsinnig. Sämtliche Warnungen inklusive Alterskeule können ihn nicht davon abbringen, mich als erotische Heilsbringerin zu sehen. Und auch hier fühle ich mich natürlich sehr geschmeichelt, was mir von einem anderen Mann seines Alters als durchaus gerechtfertigt bestätigt wurde. Diese Geschichte ist endenwollend. Denn bei allem Spaß an so einer Episode stelle ich doch fest, dass ich ausreichend davon in meinem Leben habe. Und auch wenn ich das das ganze Jahr über gespürt habe trotz temporären Tränen und lustvollem Leiden, so bin ich ihm doch sehr dankbar, dass diese Tatsache jetzt auch in meinem Kopf angekommen ist. Manche würden sagen, dass man nie genug Spaß haben kann oder wie dieser Mann zu sagen pflegt: „Live is short, honey. We will have a lot of fun!". Ich allerdings brauche immer wieder Zeit, diesen Spaß sacken zu lassen, mich auch in ruhigen Zeiten daran zu freuen und nicht ständig aufzustocken. Und ich weiß jetzt durch die Begegnung mit ihm, dass ich mich von der Liebe finden lassen möchte. Ich weiß, sie sucht schon nach mir. Danke, Nummer Vier!

22
Zurückgeworfen

Eine Woche statt einem Monat – wer nach Afrika fährt, muss mit allem rechnen. Vor allem damit, sich selbst zu begegnen. Und zu entdecken, dass sich das Leben südlich des Äquators wirklich anders herum drehen kann. Pläne auf den Kopf stellt. Und zum Handeln zwingt, wo Nichtstun erhofft gewesen wäre.

„Du hast ein Rekrutierungsproblem", sagt Richard, als er mit verbranntem Gesicht neben mir im Liegestuhl liegt, weil er unbedingt mit einem Katamaran vier Stunden in der Mittagshitze aufs Meer wollte. Man könnte seine These mit dem Rekrutierungsproblem auch dem Sonnenstich zuschreiben, den er zweifellos hat. Oder seiner Lebenserfahrung, dass man nur mit einer Frau an seiner Seite durch Wände gehen kann. Richard ist Single, nach 16 Jahren wieder. Beim Auszug aus dem Reihenhaus hat er sich einen Jaguar gekauft und lebt nun bei einem Freund, dessen Frau für drei Jahre nach Asien gegangen ist. Dass er keinen Kontakt mehr zu den Töchtern seiner Ex hat, tut ihm leid. Die Ex selbst kann ihm gestohlen bleiben. Kunststück, lässt er sich doch jetzt durch Tansania treiben. Und langweilig wird ihm nicht, denn Richard zieht Menschen mit Bedürfnissen an wie Schweiß die Moskitos.

Da sind die beiden Burschen mit dem hoffnungsvollen Blick auf einen Sugar Daddy, der ihnen ein Motorrad finanziert. Und die Frau mit ihren beiden Kindern, die ihr Handy im Taxi vergessen hat und jetzt vom Finder mit einem für sie unleistbaren Betrag erpresst wird. Und der junge

Biologe, der zwei Stunden nach der Heimreise seiner Mutter auf eine Frau trifft, die sich ihm praktisch vor die Füße wirft und er aber nicht in die Gänge kommt. Richard weiß Rat, hat eine Taktik, kennt das Ziel. Am Ende der Woche haben David und Bodi einen Business Plan für ihr Tuk-Tuk, das Handy ist zur Besitzerin zurückgekehrt und das junge Liebespaar verlässt die Strandhütte nur mehr zum Baden.

Die einzige, die nichts von Richard wollte, bin ich. Und ich habe – wie gesagt – ein Rekrutierungsproblem. Das wirkliche Problem ist, dass ich keine Bedürfnisse habe. Zumindest keine, die mit der Rekrutierung eines Mannes beseitigt würden. Niemand kann aus meinem Kabuff hinter Hasendraht einen annehmbaren Raum mit Platz zum Umdrehen machen. Niemand kann die drei Meter hohen Lautsprecherboxen vom Nachbargrundstück schieben, die meine Hütte stundenlang zum Wanken bringt. Niemand stellt mir eine Süßwasserdusche hin, um mich vor der Ganzkörperversalzung zu retten. Und niemand macht mich gesund, nimmt mir die Atemnot, baut sich ritterlich vor der Malariaprophylaxe auf und schreit „Stop!" bei den Nebenwirkungen.

Ich habe schon alleine deshalb kein Rekrutierungsproblem, weil ich ja Richard kennengelernt habe. Und Robert. Und Mick. Und Joe. Aber das meint Richard natürlich nicht. Er meint das, was er sich zu seinem Geburtstag schenken lässt. Eine Nacht mit einer jungen Tansanierin. Und plötzlich weiß ich, warum ich des Sextourismus' bezichtigt wurde, bevor ich in den Flieger gestiegen bin. Weil es hier am Strand tatsächlich um

Sex geht. Immer und überall. Offen und subtil. Um Gelegenheiten, die man nutzen muss. Meint Richard.

Ich sehe meine Gelegenheiten. Glühende Augen. Glänzende Körper. Gleissende Zähne. Und ich erinnere mich an Charles, den ich vor 25 Jahren auf Malta kennen gelernt hatte. Er sprach in Liedtexten, sein Lieblingssong war „Love on the rocks". Das hatte was, aber am Ende doch zu wenig. Seitdem sind meine Urlaubserinnerungen männerfrei. Und das bleibt auch so. Mir rauben andere Dinge den Atem. Dass sich Frauen in Tansania ihr Studium durch Prostitution verdienen. Weil es keine anderen Jobs gibt. Dass es Männer gibt, die das ausnutzen. Dass Frauen kleine Fische und Männer große Fische handeln, weil nur sie die nötige Bildung haben, um Hotels mit Meeresgetier zu versorgen. Und dass die Jugend trotzdem in einer lauten, heißen, stinkenden Millionenstadt das kreative Bongo-Potenzial für eine bessere Zukunft sieht. Und sich in die Wellen wirft. Und lacht. Und hofft.

Ich mache jetzt Urlaub zuhause – und träume weiterhin von Afrika. Auch von Tansania.

23
Wellness statt Wellen

Jeder passionierte Strandläufer kennt das Gefühl, wenn der Sand unter den Füßen nachgibt und man sich Schritt für Schritt vorwärts kämpft. Nachdem mir das versagt geblieben ist, stärke ich meine Unterschenkel-Muskulatur im Schnee.

Weil ich gerade dabei bin, meinen Körper zu achten – frei nach Teresa von Avilas „Tu Deinem Leib etwas Gutes, damit Deine Seele Lust hat, darin zu wohnen" -, habe ich mich zu einem kurzen Wellnessurlaub in einem Bergdorf entschlossen. Aromagrotte, Kräuterwickel, Brechelbad – solche Sachen. Grundsätzlich stehe ich Unternehmungen dieser Art eher kritisch gegenüber, weil ich fest daran glaube, dass man mit der Heimkehr die wohltuenden Vorsätze, die solchen Tagen entspringen, schneller vergisst als einen Nadelstich. Doch da ich ja eigentlich nach wie vor in meinem Jahresurlaub bin und Tapetenwechsel schätze, pflüge ich mich durch den großporigen Schneefall in ein Vitalhotel.

Die Wände voller Herzen und Engel, und ich stelle fest, dass mir ein bisschen Kitsch, ein bisschen Rosa ganz gut tut. Manch einer hat mir ja bereits Schönfärberei unterstellt, hier bin ich damit genau richtig - und sehr entschlossen, mich zu entspannen. Das beginnt bei mir meist mit dem Essen. Ich koche gerne, auch weil ich den meditativen Charakter des Schnippseln und Rührens schätze. Doch Entspannung heißt bei mir immer auch: bekochen lassen - ich werde hier dreimal täglich gefüttert.

Hurra!

Während es draußen weiter schneit, entschließe ich mich zu einem langen Spaziergang ohne Kopfhörer. Störende Geräusche sind am Ende der Bergwelt kaum zu erwarten. Und tatsächlich bleiben sie aus und geben einer Ruhe Raum, die ich aus meiner Kindheit kenne. Wenn eine Kuhglocke auf der Wiese vor dem Fenster gebimmelt hat, empfand man das bereits als akustische Körperverletzung. Alles, was ich vernehme, ist das Knirschen meiner Schritte im Schnee. Und hin und wieder ein „Griaß Di".

Am Anfang wundere ich mich noch, über die Ansprache und das Duzen. Doch ich merke schnell, dass das hier zum guten Ton gehört. Und dabei wird kein Unterschied gemacht, ob man einheimisch oder auswärtig ist. Es ist ein „Ich nehme Dich wahr", das ich als sehr wohltuend und dem Wellness-Charakter meines Aufenthalts angemessen empfinde. Höre ich den Gruß nicht, weiß ich, dass ich gerade einem Touristen begegne. Und während ich in einem Geschäft nach einem Geburtstagsgeschenk schaue, höre ich ein „Ich brauche etwas zum Anziehen für eine Hochzeit." Wieder etwas ziemlich Befremdliches für mich, die normalerweise zielsicher durch Bekleidungsgeschäfte laviert und meist weiß, was sie will. „Wir haben viel Kundschaft aus der Stadt, die dort Beratung vermisst", erzählt mir später die Verkäuferin. Auch das kann eine Art Wellness sein, denke ich mir. Die Entscheidungsverantwortung für Äußerlichkeiten kurzfristig abzugeben.

Was mich zur typischen Wellness-Bekleidung in vielen Hotels bringt. Im Bademantel zum Frühstück, zum Mittagessen, zum Kaffeetrinken. Ich habe mich nie daran gewöhnen können, dass man sich derart leger in Gesellschaft bewegt. Gut, manchmal erwischt mich ein Briefträger auch im Morgenmantel, Geburtstagsgratulanten haben mir auch schon Blumen überreicht, während ich einem relativen Urzustand gefrönt habe. Doch normalerweise bin ich sehr für eine angemessene Bekleidung, wenn man das Haus verlässt. Oder entgeht mir da etwas, wenn ich mich dem Bademantel-Dasein im Wellness-Hotel verweigere? Ich beginne zu zweifeln, verweigere mich aber trotzdem.

Was mir hingegen tatsächlich entgeht, ist die eine oder andere Zigarette. Klar, Wellness und Wölkchen widersprechen sich. Das Rauchen im Freien birgt bei diesen Temperaturen die Gefahr einer aufgewärmten Bronchitis, weshalb ich mich auf die Suche nach einem temperierten Raucherkafé mache. Einmal um die Ecke biegen und schon lande ich in einer Konditorei, wo sich Frauen mit Kopftuch und Männer in Holzfällerhemden in einer Sprache unterhalten, die ähnlich exotisch klingt wie Suaheli. Ich höre nicht genau hin, lasse die Unterhaltungen um mich herumplätschern und konzentriere mich auf die Stimm-Melodien, die heiter-gelassen, wohlwollend und erdig klingen. Und ich begreife plötzlich, dass Wellness nicht Steinöl-Bad und Relaxarium ist, sondern an- und wahrnehmen, was ist.

„Das alles könntest Du bei uns auch haben", höre ich meine Mutter sagen, die mich immer wieder zu Heimaturlaub animieren will. Nicht ganz. Zu Wellness gehört auch, irgendwo irgendwie fremd zu sein. Denn nur das wirft einen auf sich selbst zurück, erweitert den Horizont. Und genau das bedeutet für mich Urlaub: Wellness mit mir selbst.

24
Das Universum und ich

Nach einem Monat kann man ganz gut überprüfen, ob die Neujahrsvorsätze etwas wert waren, Substanz hatten und sich bereits in Ansätzen umsetzen ließen. Doch was, wenn nicht?

Ich hadere ja stets mit meinen Wünschen. Die Erfahrung von fünf Jahrzehnten hat gezeigt, dass das mit mir und dem Universum nur mangelhaft funktioniert. „Sag's dem Universum, es regelt alles für Dich" klappt nur selten so, wie ich mir das – eben – wünsche. Ich habe dazu verschiedene Theorien.

Theorie 1: Der berühmt-berüchtigte Salzburger Schnürlregen und die dazu notwendigen Wolken behindern die Kommunikation mit dem Universum. Ich dringe einfach nicht durch Altoculumus, Alto- oder Nimbostratus. Wenn das eine Tagesangelegenheit wäre, könnte ich ja verschieben, aber in Zeiten wie diesen, wo sich die Eindeutigkeit des Winters in eine triste, vorfrühlingshafte Mischkulanz verabschiedet hat, muss ich mit dieser geschlossenen Wolkendecke leben. Ob es hilft, mir schönes Wetter zu wünschen? Ich verlasse mich lieber auf meine Wetter-App, die mir sagt, wann die Sterne für eine Kommunikation mit dem Universum günstig stehen.

Was mich zu Theorie 2 bringt. Wer sagt denn, dass das Universum und ich die gleiche Sprache sprechen? Ich bezweifle das, denn ich habe ja bereits bei meinen irdischen Gegenübern so meine Probleme. In meiner Welt möchte ich Ruhe, wenn ich „Lass es sein" sage. Doch ich bekomme den gut gemeinten Rat, „Lass mich in Ruhe" zu sagen – das andere wäre zu wischiwaschi. Wieder was gelernt. Doch wer lehrt mich universalisch? Vor einigen Jahren wünschte ich mir für die vor mir liegenden Monate, dass mir eine Gelegenheit geschenkt würde, durch Reisen Geld verdienen zu können. Sie wissen schon – New York, Rio, Tokio. Ich fand mich in diesem Jahr in Pill, Allhaming und Schnifis wieder. Das Universum hatte da wohl etwas falsch verstanden. Oder eben ich einen wesentlichen Teil weggelassen. Nicht dass ich keine schönen Erfahrungen gemacht oder nette Menschen getroffen, mein Konto gefüllt oder viel über Schnaps (den ich nicht trinke) gelernt hätte – vielleicht hätte ich sagen sollen: „Ich möchte durch Reisen INS AUSLAND Geld verdienen." Bin ich auch gegenüber dem Universum zu wischiwaschi?

Theorie 3: Ich verfehle stets den richtigen Zeitpunkt. Vielleicht hat das Universum ja Sprechstunden, von denen ich nichts weiß. Vielleicht immer dann, wenn der Mond in der Venus steht oder Steinbock und

Wassermann, Stier und Zwilling, Löwe und Jungfrau, Waage und Skorpion eine Quadrille tanzen. Vielleicht leben wir aber auch in unterschiedlichen Zeitzonen, und das Universum ist vor allem dann aufnahmebereit, wenn ich gerade schlafe. Scheitern wir beide tatsächlich an Jetlag?

Vielleicht ist das Universum aber auch deshalb von partieller Taubheit gegenüber meinen Wünschen befallen, weil es die falschen sind. Weil ich etwas in meinem Leben möchte, was dort völlig fehl am Platz ist. Oder dort NOCH nicht hingehört. Es gibt dieses wunderschöne Lied von Garth Brooks, in dem er von „unanswered prayers" singt und dem Glück, etwas NICHT zu bekommen, was man sich mehr als alles andere wünscht. Weil es sich im Rückblick betrachtet, nämlich als Segen herausstellt. Und wenn ich mit meinen fünf Minuten Universumhaderei fertig bin, neige ich sehr dazu, ihm beizupflichten. Schließlich war alles, was sich abseits meiner Wünsche ereignet hat, eine Bereicherung für mein Leben. Auch Pill, Allhaming und Schnifis.

Das Dilemma mit dem Dating

Ein Freund von mir ist jetzt bei Tinder. Nicht dass er es in meinen Augen notwendig hätte – gutaussehend, erfolgreich, unverheiratet. Und eigentlich mag er auch gar niemanden kennenlernen, weil er gerade seine misanthropische Phase hat. Und trotzdem...

Ich kenne einige Menschen, die ihr Glück über Kontaktplattformen im Internet gefunden haben. Familien gegründet haben, aus ihrem vertrauten Umfeld weggezogen sind oder sich einfach nur bezaubernd fanden in ihrer jeweiligen Selbstdarstellung. Alles gut und wohl vergönnt. Andere hingegen haben sich damit gequält, dass irgend ein Logarithmus sie mit Menschen zusammen gespannt hat, die mit ihrer Vorstellung von einem/einer Partnerschaftsaspiranten/in so überhaupt nicht konform ging. Da hat der Logarithmus wohl einen mehr oder weniger starken Schluckauf gehabt, als er beispielsweise einer überaus intelligenten, gut gebauten Frau einen Mann zuteilte, der außer Brummifahren nur wenig mehr zu bieten hatte. Glücklicherweise hat sie sich in der Folge zuerst vom Trucker und dann von der Plattform verabschiedet. Und nach einer kurzen Verschnaufpause mit Tinder geliebäugelt. Man kann von einem weiteren Glück sprechen, dass ihr in der realen Welt jemand dazwischen kam.

Meine Recherchen ergeben, dass Tinder eigentlich für Menschen zwischen 18 und 35 gedacht ist. Dieser Freund sprengt diesen Rahmen, die von ihm angepeilte Frau allerdings nicht. Doch anscheinend hat sich das System inzwischen verselbständigt, und es sind dort auch Leute anzutreffen, die die Vorgaben sprengen. Wie dieser Freund. Und andere Frauen, die als Matchmaker in Frage kommen. Und die eigentlich schon einen Mann haben, aber man weiß ja nie, nicht? Wie auch immer. Auf jeden Fall machte der Freund einen Versuch und gab zuerst die Altersgruppe 25 bis 35 ein, danach die Altersgruppe zwischen 35 und 45. Wäre schließlich immer noch jünger als er. Gut. Die Bilanz: Die älteren Frauen hatten genauso wenig gute Manieren, wussten Zugewandtheit und Interesse ebenso wenig zu schätzen wie die Jüngeren. Darauf der Freund: „Wenn eh alle gleich sind, kann ich mich auf eine konzentrieren, die wenigstens knackig ist."

Was mache ich jetzt mit so einer Aussage? Am liebsten würde ich ihm die Geschichte von der Schönheit, die vergeht, erzählen. Doch bei jüngeren Frauen dauert das Vergehen natürlich etwas länger, und das kommt ihm zugute. Also sitze ich schweigend neben ihm und überlege, warum Manieren Mangelware sind. Wo doch einschlägige Umfragen besagen, dass Frauen an Männern respektvolles Verhalten, Humor und Aufmerksamkeit schätzen. Kann er alles, dieser Freund. Wenn er will. Doch wenn er auf Unhöflichkeit trifft, vergisst er es. Recht so. Ärgern tut er sich trotzdem. Und schlägt seine misanthropische Se/aite an, in die ich nur mitschwingen kann.

Dennoch komme ich immer noch nicht über die Knackigkeitsaussage hinweg. Meine persönliche Erfahrung ist ja, dass mir der knackigste Mann gegenüber sitzen kann. Wenn er Luftblasen produziert, entsprechend aufgeblasen agiert oder nicht den Hauch einer Ahnung von Witz hat, können Sie mir den Sixpäck auf den Bauch kleben. Das wird nichts. Wenn allerdings jemand vor Geist sprüht, Charme besitzt und gepflegt ist, kann er ruhig einen Bauch oder eine hohe Stirn haben. Da zählt das Herz. Ist das bei Männern anders? Ist es wirklich so, dass man Schönheit mehr verzeiht? Auch Geistlosigkeit, mangelnde Herzensbildung und Empathie? Das macht mich nachdenklich.

Ich stoße auf eine weitere Umfrage, allerdings unter umgekehrten Vorzeichen. Männer legen laut der daraus gewonnenen Erkenntnisse Wert auf ein gepflegtes Äußeres, ein großes Herz, Humor, Sicherheit und Aufmerksamkeit. Klingt leistbar für mich, auch für ältere Frauen. Die ja heute meilenweit davon entfernt sind, violett gefärbte Ondulierfrisuren zu Markte zu tragen und in Funktionskleidung durch den Tag zu rennen. Na ja, einige zumindest. Immer mehr. Und doch suchen Männer nach jüngeren Frauen. Einige zumindest. Wie mein Freund. Ich weiß, dass sie ihm immer nur Probleme machen werden, weil sie es immer getan haben. Doch wieder einmal sehe ich etwas, was mein Gegenüber nicht wahrhaben will. Ist eine Plage, aber auch eine andere Geschichte.

Anyway: Wieder einmal bin ich froh, dass mir das Geheimnis von Dating-Plattformen bislang verschlossen blieb. Auch die Notwendigkeit, denn ich treffe im richtigen Leben genügend Männer, bei denen ich unmittelbar herausfinden kann, ob es funkt, passt, Spaß macht oder nicht. Ich bin wohl bei aller Umtriebigkeit im Netz doch eher der analoge Typ. Vielleicht kann ich meine Freund dafür begeistern. Sollte ich scheitern, werde ich das an den Zeilen „Hast Du Zeit für einen Kaffee? Muss jammern..." schon merken.

26
Bleierne Zeit

Scharren Sie derzeit auch in den Startlöchern und haben das Gefühl, dass die einfach nicht aufgehen wollen? Mir begegnen in letzter Zeit einige Menschen, die loslegen möchten und sich durch den einen oder anderen Umstand gebremst fühlen – auch jener, dem ich jeden Morgen das Gesicht wasche.

„Ich bin noch bis Ende März angefressen, danach wird's besser - hoffentlich", höre ich in diesen Tagen. Abgesehen davon, dass ich mir beim besten Willen nicht vorstellen kann, dass man sich damit einrichtet, noch anderthalb Monate schlecht drauf zu sein, ist das für mich ein Zeichen von überreizter Geduld. Dieser Mensch will das Leben in Angriff nehmen, doch er wird gebremst. Nicht zuletzt von seiner schlechten Laune, doch die ist ja ohnehin nur ein Resultat von wasauchimmer.

Ein anderer Mensch will sich im Rahmen seines ehrenamtlichen Engagements in ein etwas antiquiert funktionierendes Unternehmen einbringen. Wenn er etwas gut kann, dann sich begeistern. Und ist damit auch durchaus ansteckend. Doch bei der Killerphrase „Wir lassen alles beim Alten" geht selbst er in die Knie. Gegen den Unwillen, neue Ufer zu entdecken, ist man manchmal einfach machtlos. Tragisch finde ich nur, dass diese Institution ja auf Ehrenamtliche angewiesen ist und es ja nicht umsonst Ausbildungen zur Freiwilligenkoordination gibt, wo man lernt, eben jene zu motivieren. Wurscht, am Ende des Tages gilt: „Wer nicht will, hat schon."

Ein weiteres Geschöpf hat einen Traum, das es seit geraumer Zeit verfolgt und dem es alles erdenkliche unterordnet. Verzichtet auf einigermaßen bezahlte Jobs und begibt sich wegen der besseren Vereinbarkeit von Traum und Tantiemen in die Hände einer Zeitarbeitsfirma. Wäscht ab, serviert im Zug, putzt, räumt Klamotten in Regale. Ihr Körper schmerzt ob der unangemessenen Tätigkeiten, der Geist vielfach auch ob der Begegnungen in den verschiedenen Settings. Doch dieses Geschöpf bleibt seinem Traum treu, was ich unendlich bewundere. Und es anfeuere, wenn es in den Startlöchern steht und starten will. Und nicht starten kann. Weil der Körper lahmt. Der Auftraggeber zögert. Der letzte Puzzlestein fehlt.

Die Frau, deren Gesicht ich jeden Morgen wasche, kennt das. Sie hat sich so viel vorgenommen, Pläne gemacht, Zusagen getroffen. Alles, um festzustellen, dass sie schlussendlich absagen muss. Weil die Kraft fehlt, die immer noch hauptsächlich ins Bellen geht. Sie hat es nach der medikamentösen Überdosis um die Jahreswende herum mit alternativen

Methoden versucht, doch inzwischen prügelt sie wieder mit Antibiotika auf das Wauwau ein. Es wird besser, logisch. Die Kraft kommt auch langsam wieder. Doch eben langsam. Eine Freundin sagt: „Es wird einen Grund haben, warum Du jetzt hier sein sollst und nicht irgendwo anders, wo Du es geplant hättest." Mag sein, doch wann wird sie das erfahren? Und wann kann sie endlich wieder mit ihrem 200 Prozent-Leben beginnen? Momentan läuft sie auf 100 Prozent, doch irgendwie fehlt ihr was. Dabei bringt sie das in die durchaus positive Situation, dass Dinge, die seit Jahren liegen, endlich aufgeräumt, erledigt und abgearbeitet sind. Wer nicht raus kann, macht sich eben drinnen nützlich. Wird sie deshalb ans Haus gefesselt, weil sonst kein anderer Weg zu den Staubmäusen führt? Weil sie in absehbarer Zeit anbauen müsste, um weitere Ablagefächer mit Informationen füttern zu können? Weil sie sonst beim Bauchtanzen mitten im Brustshimmy umfallen würde? Es wird schon seinen Grund haben, warum wir alle das Blei um die Fußknöchel spüren. Und wenn es nur darum geht, die Meisen vor dem Fenster wahrzunehmen, deren Gezwitscher jetzt wieder anhebt und das wir ignoriert hätten auf unserem Weg in die Zukunft.

Nur wer die Sehnsucht kennt...

...weiß, was ich leide", schreibt der Geheimrat in seinem Gedicht „Mignon". Bei einem Wochenende voller Enneagramm-atikalischer Erkenntnisse erfahre ich: Die Sehnsucht ist mir systemimmanent. Doch wie damit umgehen?

Nicht dass es sich dabei um eine völlig überraschende Neuigkeit gehandelt hätte – mein Fernweh zum Beispiel ist ein ziemlich ausgeprägter Ausdruck dieser Sehnsucht. Wenn ich an meinen Herkunftsort denke, an den es doch eine erkleckliche Anzahl von Touristen zieht, komme ich aus dem Wundern nicht heraus, was die dort wohl schön finden könnten. Und wenn ich mich durch die sommerlichen Gassen meinen aktuellen Wohnortes schieben muss, grummle ich innerlich den Satz „Was wollt ihr nur alle hier?" vor mich hin. Früher galt meine geographische Sehnsucht großen Stätten wie London, Paris, Hongkong. Und dem Meer. Inzwischen ist nur mehr das Meer übrig geblieben. Der Beginn meines Jahresurlaubs in Dar Es Salaam hätte beides verbinden können, aber es sollte (damals) nicht sein. Doch ich weiß auch: Irgendwann einmal werden mir die Küsten ausgehen – in Afrika ist das ohnehin so eine Sache, wenn man alleine als Frau unterwegs ist. Aber das überlege ich mir dann, wenn es soweit ist. Oder wie andere sagen und um im Bild zu bleiben: „I cross the bridge when I reach it."

Spaziere ich am Strand entlang und höre noch dazu Yo-Yo Mas Version der „La Califfa"-Suite von Ennio Morricone, ist mein Sehnsuchtsglück nahezu perfekt. Da bin ich innerlich weit wie das vor mir liegende Meer und das Lächeln kann mir in solchen Augenblicken nur ausgesprochene Unverschämtheit aus dem Gesicht prügeln. Da brauche ich sonst nichts – naja, vielleicht eine Zigarette, aber that's it. Deshalb wird es früher oder später wohl unumgänglich sein, an eine Küste zu ziehen. Temporär oder für immer, das wird sich weisen.

Doch es ist mit dieser Sehnsucht natürlich nicht immer alles so rosarot. Wenn man sich beispielsweise nach zehn perfekten Momenten verzehrt, die unwiederbringlich entschwunden sind. Die Realisten werden nun sagen: „No na, liegt ja schließlich in der Vergangenheit." Schon klar, aber wenn auch die Aussicht, einen weiteren dieser perfekten Momente noch einmal zu erleben, gegen Null strebt, schaut man mit seiner Sehnsucht ganz schön alt aus. Hände weg von Handspiegeln in solchen Momenten! Da hilft auch kein Anfall von Selbsterkenntnis, dass man sein Scherflein dazu beigetragen hat, einen dieser weiteren Momente zu versemmeln. Die Sehnsucht ist meinungsstabil wie die Inhaberin und bleibt.

Hängt das eine mit dem anderen zusammen? Mir scheint fast, dass mit dem Mangel an gelebtem Fernweh die malvige Seite der Sehnsucht exponentiell ansteigt. Fast, als hätte ich eine Yin-Yang-Sehnsucht, die manchmal aus der Balance gerät. Stecke ich zu lange an einem Ort fest, öffnen sich die Knospen der Malve in Windeseile. Bin ich unterwegs, lässt sie sich Zeit. Zwar besucht sie mich auch dann hin und wieder, aber das Meer nimmt sie meist mit sich. Ich winke ihr nach und wünsche ihr eine gute Reise.

Wieder zuhause, wartet Yo-Yo Ma auf mich, und wenn ich nicht aufpasse, schwingt sich mein Grundton wieder auf die malvige Sehnsucht ein. Und das mit Bergen statt Meer vor Augen ist absolut ungesund für mich. Mein Haus freut sich. Denn gegen die malvige Sehnsucht hilft nichts besser als putzen. Oder kochen. Oder garteln. Schön, dass das Frühjahr langsam Einzug hält. Aus einem der Töpfe wird dann bestimmt wieder eine Malve wachsen. Und im August in voller Blüte stehen. An der Nordsee soll es zu dieser Jahreszeit ja sehr schön sein.

28
Ein Hoch auf die Freundschaft

Eine meiner ältesten Freundinnen ist jetzt auch in meinem Alter. Und sieht relativ entspannt dabei aus, obwohl sie im Umgang mit ihren Söhnen - Stichwort Ordnungsmaßnahmen und Man Bun - immer wieder leicht in Stress gerät. An ihrem Geburtstag hat der eine gerade noch einen Gutschein aus der Hüfte geschossen, der andere beglückte sie mit etwas Getöpfertem. Was wissen Kinder schon über die Bedeutung eines 50. Geburtstags?

Wenn ich ihr gegenüber sitze wie bei ihrem Geburtstagsfrühstück, das sie sich alleine gönnen wollte und dann doch meine Spontaneität als Gesellschafterin getestet hat, dann sehe ich sie als 15jährige vor mir. Damals habe ich sie kennengelernt, während einer Sprachreise. Es war für uns beide der erste Solo-Trip ins Ausland und sie fiel mir damals schon als quirlige, aktive Person auf. Nach einer Kontaktpause sah ich sie eines Tages in der Cafeteria an der Uni wieder, und bevor ich ihr Gesicht gesehen habe, erkannte ich sie an ihrer lebendigen Art der Bewegung.

Nicht, dass sie nicht auch chillen könnte – das gönnt sie sich natürlich doch hin und wieder und konsequent, wenn ihre Buben ihren Aktionsradius ausweiten. Im Hängestuhl, mit einem Buch oder in Gesellschaft des Sandmännchens konzentriert sie sich auf die Ruheoasen, die das Leben ihr schenkt. Oder beim Brotbacken, Reisen oder Zuhören. Sie ist eine wunderbare Zuhörerin, obwohl ich in ihrem Gesicht lesen kann, wenn ihr meine Erzählungen zu sehr ins Abstruse abdriften. Doch sie wartet geduldig damit, in purer Ehrlichkeit zu antworten, wie abstrus sie meine Erzählungen empfindet. Oft holt sie mich damit auf den Boden der Realität zurück; schafft sie es nicht, verfolgt sie meine gedanklichen Höhenflüge mit heiterer Gelassenheit.

Unzertrennlich waren wir nie und doch sind die Bande seit 35 Jahren so stabil, dass Hinsetzen und Losreden wie am Schnürchen klappt. Und obwohl wir dabei keine Zeit verschwenden, wird die Liste an Themen, die wir von Treffen zu Treffen mitnehmen, nicht wirklich kürzer. Das mag daran liegen, weil wir alles in unser Leben packen, was uns interessiert. Und weil die Schnittstellen der jeweiligen Interessen fließen sind, bleibt genügend Stoff für den Austausch. Uns ausschließlich auf die drei Ks zu beschränken, war und ist uns fremd – auch wenn wir diese Stadien natürlich kennen. Und sie mit positiver oder negativer Faszination verfolgen. Und darüber kann man ebenfalls laaaaaaaange reden. Auch über die Prägungen des Elternhauses, die man hinter sich zu lassen versucht. Und die Visionen, die man für die Kinder hat. Und für sich selbst. Und überhaupt und generell...

Ach, Freundinnen sind etwas wunderbares. Begleiterinnen, Diskussionspartnerinnen, Komplizinnen – sie holen einen aus Löchern, wahlweise von Wolke 7. Sie lachen einem die Tränen weg und sie lachen mit uns, bis uns die Tränen kommen. Sie lassen sich die Ohren abknabbern, wenn das Lamentieren nicht mehr aufhören will und fühlen mit, auch wenn die Situation surrealer nicht mehr werden kann. Und machen einen Punkt, wo man Gefahr läuft, die emotionale Grammatik zu vergessen. Jetzt in der Fastenzeit kann man auf einiges verzichten – auf Freundinnen nicht. Punkt.

29
Gleichberechtigung = Toleranz

In dieser Woche begingen wir den Weltfrauentag. Ursprünglich aus dem Kampf um Gleichberechtigung und das Wahlrecht entstanden, zirkulieren an diesem Tag alles andere als politische Botschaften. Und Zeit für Reflexion, ob wir diese Ziele von damals erreicht haben, bleibt sowieso keine.

Mein Tag beginnt mit einer Frau, die sich neben ihrer beruflichen Tätigkeit in einer sozialen Einrichtung „alleinerziehend mit Mann" um ihre Kinder kümmert. Sie erzählt mir, dass sie den Alltag ganz gut hinbekommt, außer wenn ihr Mann von seiner Auslandsarbeit zurückkommt. Und Sand fürs Getriebe mitbringt, weil sie ihn zwar in den Familienalltag integrieren will, er das aber ablehnt. Sie schaut gestresst und wünscht sich, an diesem Tag das Angebot einer Seilbahn annehmen zu können, das an diesem Tag Frauen extragünstig in luftige Höhen hievt. Stattdessen räumt sie einen Messi-Haushalt aus. Nein, nicht ihren.

Und während ich sie noch bedauere, weil ich glaube, ausreichend Zeit zu haben, um an dieser Stelle etwas Sinnvolles unter die Menschen bringen zu können, kommt das Leben auf mich zu, konfrontiert mich damit, dass ich innerhalb von zwei Stunden einen Zeitungsartikel abzuliefern habe, zeitgleich mit meinem Jüngsten Mittagessen gehen sollte und zwei Seminarkonzepte verfassen müsste. Und das alles vor einem Konzert, das der legendären Geschichtenerzählerin Scheherezade gewidmet ist. Das besuche ich mit einer anderen gestressten Frau, die neben ihrer Karriere auch noch Teile meines Lebens auf die Bühne bringen möchte. Wann, bitteschön, sollte ich da über mein Dasein als Frau reflektieren?

Dabei ist es wichtig, vor allem wenn ich beim Frühstück höre, dass sich halb Deutschland aufregt, wenn eine 50jährige Frau mit einem 34jährigen Mann ein Kind bekommt. Im Einzelfall ziehe ich mich oft mit der Bemerkung aus der Affäre, man möge doch zuerst vor der eigenen Haustüre kehren, bevor man sich über den Dreck im Vorgarten anderer echauffiert. Doch die Menge der teilweise bösartigen Reaktionen, mit denen diese Schauspielerin (und ich hege keine ausgesprochenen Sympathien für sie) konfrontiert ist, gibt mir doch zu denken. Ging es ursprünglich um die Gleichberechtigung zwischen Mann und Frau, so scheint mir fast, als kämpften Frauen untereinander um eine Daseinsberechtigung verschiedener Lebensmodelle. Natürlich wird die Mutter alt sein, wenn das Kind ins eigene Leben startet. Natürlich ist die Gefahr groß, beim Elternabend als Oma angesprochen zu werden. Doch mit 50 sollte man sich dieser Konsequenzen bewusst sein. Und wenn man sich trotzdem für ein Kind entscheidet, dann ist das eben so. Wenn ich den Tiraden über Verantwortungslosigkeit lausche, denke ich mir, weshalb manche einem 20jährigen Menschen die Fähigkeit absprechen, Verantwortung für sein Leben übernehmen zu können. Zweifellos möchte man seine Eltern als Berater und Begleiter ein Leben lang haben, doch Entscheidungen kann man selbst treffen. Erfahrungsgemäß achten Schauspielerinnen ihr Leben lang darauf, dass sie gesund und ansehnlich bleiben – diese eine wird das bestimmt auch schaffen, nicht zuletzt ihrer Kinder willen (sie hat noch einen siebenjährigen Sohn). Und falls nicht, hat das Kind ja auch noch einen Vater. Nein, ich werde jetzt nicht die Schublade öffnen, die nach der Verantwortung derer fragen, die Kinder kriegen, weil ihnen die Accessoires ausgegangen sind. Das ist eine andere Geschichte.

Angesichts dessen entspannen mich die kleinen Videos von Komplizinnen. Da schlummert ein Teddybär mit einer Margerite in einem roten Stöcklschuh. Da lese ich: „Die tollsten Frauen sind immer ein bisschen verrückt!" und schmunzle über „Wir Frauen sind Engel! Und wenn man uns die Flügel bricht, fliegen wir eben weiter – mit dem Besen!" Natürlich sind da auch Sprüche über Männer dabei. Was mir zeigt, dass die Gleichberechtigung noch auf sich warten lässt. Denn für mich persönlich bedeutet das vor allem ein tolerantes Miteinander jenseits von Machtkämpfen – egal ob zwischen den Geschlechtern oder innerhalb desselben. Das wäre ein erster Schritt.

30
Gelassenheit versus Bitterkeit

Am Wochenende lese ich einen Briefwechsel zwischen zwei Schriftstellern in Österreich und Serbien, die sich über die hiesige wie dortige Verbitterung austauschen. Die Zeilen bringen etwas in mir zum Schwingen. Denn ganz frei davon bin auch ich nicht.

Jeden Montag treffe ich mich mit zwei lieben Freundinnen zum Schtammtisch – nein, das „Sch" ist kein Tippfehler, sondern steht für einen Begriff, den ich hier nicht weiter ausführen möchte. Zwei sind Singlefrauen, eine lebt in einer Beziehung, die sie nicht definiert haben möchte. Wir sitzen inmitten von anderen Männerstammtischen, und vielleicht ist es ihr Testosteron, das uns immer wieder auf das Thema Frau-Mann bringt. Angepöbelt wurden wir noch nie – im Gegenteil. Ein männlicher Gast leert uns unaufgefordert den Aschenbecher aus, ein Kellner füllt den Bierkrug auf, weil nach dem Anstich eines neuen Fasses gar nicht die angemessene Menge Hopfensaft gezapft worden sein kann. Letztens sagte einer: „Heute muss Montag sein, wenn Sie hier sind." Wir sind also gut aufgehoben in dieser Stammtisch-Gesellschaft, von denen es über 150 in diesem Etablissement gibt.

Und trotz aller Zuvorkommenheit arbeiten wir uns Woche für Woche an den Dramen unseres Lebens ab, in denen Männer keine unwesentliche Rolle spielen. Sogar ein Dreiakter mit Epilog-Varianten 1bis 8 ist bereits entstanden – wir arbeiten daran, ihn auf die Bühne zu bringen. Wir lachen viel, sind aber auch schon mit Tränen in den Augen an den massiven Tischen vor massiven Krügen gesessen. Nein, so weit ging die Freundlichkeit nicht, dass man uns ein kariertes Taschentuch gereicht hätte. Das mussten wir selbst aus den ergründlichen Tiefen unserer Handtaschen nesteln. Doch bei aller Komik, die sich hier ausbreiten könnte, verbindet uns doch auch eine gewisse Bitterkeit darüber, dass wir uns vor den negativen Gefühlen anderer nicht zu schützen wissen. Was haben wir nicht alles schon imaginiert: Käseglocken, Schutzschilde, Blasen. Und doch dringt immer wieder jemand durch – mit lapidaren Worten, unachtsamen Taten, griesgrämiger Miene.

Gründe dafür findet jeder, logisch: die Weltwirtschaft, die Flüchtlinge, der Rechts-, wahlweise Linksruck, das Wetter. Und überhaupt sind wir ja schon lange nicht mehr Herr/Frau in unserem eigenen Haus. Solche Sachen halt. Selbst wenn man sich ein gewisses Maß an Selbstwirksamkeit erhalten hat, kann einem das allgemeine Grummeln an die Nieren gehen. Sitzen wir deshalb in einem Brauhaus, weil Bier nachweislich die Nierenfunktion anregt? Eine gutes Alibi wäre es allemal. Wurscht, wir brauchen keines, weil wir tun, was wir für richtig halten. Stellen wir diesen Antrieb allerdings zur Disposition, gibt es immer Menschen, die diese Richtigkeit anzweifeln. Lehrer, Eltern, Geschwister, sogar wir selbst manchmal. Wir sind eben Perfektionistinnen, wollen haargenau dem entsprechen, was wir zu sein uns vorgenommen haben. Und wenn wir so nicht akzeptiert werden, gibt's schlechte Laune, gaaaaaaanz schlechte Laune. Vom Verlust der

Contenance sind wir dann nur mehr eine Haaresbreite entfernt.

Geht es den gewohnheitsmäßigen Nörglern vielleicht ebenso? Fühlen sie sich ebenfalls nicht wahrgenommen mit ihren Bedürfnissen, selbst wenn es die Sehnsucht nach einem 2.852-Zoll-Fernseher ist? Einem All Inclusive-Urlaub auf Mallorca? Oder einfach nur einem Job? An guten Tagen bringe ich ganz leicht die Akzeptanz dafür auf, dass jeder Mensch seine ganz persönlichen Kämpfe führt und sein Bestes gibt, um zu bestehen. Was an den schlechten in mir vorgeht, wird montags durchgeknetet. Danach bricht wieder die Zeit der Gelassenheit an.

31
Sinnieren und Sitzen

Sind Sie schon einmal durchgebrochen? Also nicht durch das Eis oder mit dem Buttermesser durch die Toastscheibe. Sondern erkenntnistechnisch. Im Sinne des gordischen Knoten, den man durchschlägt oder dem Licht, das einem plötzlich aufgeht, weil man endlich die richtige Glühbirne mit dem richtigen Sockel gefunden hat. Diese Art von Durchbruch. Doch Achtung: So sehr man sich danach gesehnt hat – das muss man erst einmal verkraften.

Man kann sich ziemlich gut einrichten darin, Lösungen und Vorgehensweisen für bestimmte Probleme und Herausforderungen zu suchen. Nächtelang. Wochenlang. Jahrelang. Dabei entwickelt man richtige Rituale, die einen scheinbar darin unterstützen, Pudels Kern zu finden. Und dringt man von Zeit zu Zeit eine Schicht tiefer, freut man sich tierisch. Dann hat man das Gefühl, das nächtelange Sitzen und Sinnieren trägt Früchte. In der Größe von Kirschen, aber immerhin. Irgendwann hat man einen Viertelkilo beisammen und kann Kuchen backen. Und sich sattessen.

Doch genauso wenig, wie man sich permanent von Kirschkuchen ernähren kann, gibt die Seele Ruhe. Und man merkt, dass das noch nicht alles gewesen sein kann. Dass da noch etwas ist, was es zu betrachten, zu suchen und zu entdecken gilt. Meist ist es nur ein Gefühl ohne Namen, und schon die Suche nach einer begrifflichen Eingrenzung treibt einen wieder in das bekannte Ritual. Sitzen und Sinnieren. Sinnieren und Sitzen. Geschirrspülmaschine einräumen/ausräumen. Sitzen und Sinnieren. Sinnieren und Sitzen. Das kann einem auch auf die Nerven gehen, und dann geht man ins Außen. Befragt Freundinnen, Freunde, Familie. Denn man kommt immer wieder an einen Punkt, wo man die Mann-im-Mond-Warte einfach nicht schafft. Weil man im Wald steht und die Bäume nicht sieht. Seine Gedanken nach außen zu tragen, hilft oft. Der Erfolg hängt allerdings auch vom Beraterstab ab. Und dessen Bodenständigkeit, Zugewandtheit und Empathie. Jemanden, der die Suche als irrelevant, sinnlos oder negativ abtut, verkraftet ein Wurzelschürfender ganz schlecht.

Und dann kommt der Tag, wo man spürt, dass man dem Ziel sehr nahe ist. Wo man spürt, dass die Mauer, gegen die man nächtelang, wochenlang, jahrelang gelaufen ist, Risse bekommt. Wo der Putz bröckelt. Und man weiß, dass man weder zuspachteln noch drüber malen will. Nicht mehr. Weil es einen nämlich zurückhalten würde auf dem fast durchgesessenen Stuhl, der ebenfalls schon ächzt, wenn man sich wieder einmal darauf niederlässt. Denn eigentlich will man sich befreien vom Sinnieren und Sitzen, bei aller Liebe zu Ritualen. Wo ein Wille, da ein Weg – plötzlich gibt die zusammengebrochene Mauer ihn frei, so unglaublich das erscheinen mag. Er führt einen ans Ziel, weil man das Ziel auf einmal erkennen kann. Man weiß, wo es liegt und wie man hinkommen kann. Endlich!

Doch was man sich als Befreiung vorgestellt hat, haut einen gelinde gesagt erst einmal zusammen. Die Kraft, die man in die Wurzelschürfung investiert hat, ist genau dort – unterirdisch. Und man merkt, wie viel davon man gelassen hat in den nächtelangen, wochenlangen, jahrelangen Sitzungen. Man fühlt sich wie der nasse Fetzen, der einfach nur liegen will. Und dabei staunt man über den plötzlich leer gewischten Kopf. Dort, wo sich die Warums um die Wiesos gedreht haben, ist Ruhe eingekehrt. Und weil man keine Kraft für nichts mehr hat, hört man auf, zu bewerten. Das Leben, die Menschen darin, die Vergangenheit. Zur Trauer, Resten von Bitterkeit und Wut über die scheinbar verschwendete Mühe mischt sich Gleichmut, immer mehr. Man fühlt sich zuerst für sich verantwortlich und lässt anderen ihren eigenen Entwicklungsweg. Für den sie selbst einstehen müssen. Und nur sie. Und bei all dieser herzenstief empfundenen Gelassenheit merkt man plötzlich, wie viel Zeit man gewonnen hat – für Kreativität, Leichtigkeit und Schlaf.

82
Grenzziehung

Kürzlich an einer roten Ampel. Es ist ein lauer Spätnachmittag und über den Zebrastreifen bummeln zwei lächelnde Männer, die ich in die Schublade „Flüchtlinge/Geflüchtete" lege. Wie schön, denke ich mir, dass ich sie zufrieden sehe. Denn in letzter Zeit hat mich das Thema aus verschiedenen Richtungen wieder angepikst.

Gleich vorneweg: Durch meine mehrmonatige Tätigkeit als ehrenamtliche Sprachtrainerin für Menschen aus Afghanistan, dem Irak und Syrien habe ich tiefes Mitgefühl und Respekt für sie, die eine meist unglaubliche Odyssee auf dem Weg in den Nordwesten hinter sich haben. Sie sind oft traumatisiert, durch die Vorgänge in ihrer Heimat und/oder durch die Flucht. Sie kamen voller Zuversicht zu uns und hofften, hier etwas mehr aus ihrem Leben machen zu können. Auch, um den Daheimgebliebenen von Nutzen sein zu können. Anfangs waren sie im Sprachtraining noch vielfach heiter, wenn auch ebenso oft unvorbereitet – doch hey, das Leben ist ernst genug. Inzwischen hat sich die Gruppe zerstreut, das Lächeln auch. Und das liegt nicht nur daran, dass sich die Freunde in die verschiedensten Richtungen aufgemacht haben, den besten Ort für ein Asyl-Interview zu finden. Das Warten darauf zermürbt sie, und die Energien laufen manchmal in Kanäle, die zu den weniger wertschätzenden gehören.

Und genau dann fühlen sich all jene bestätigt, die „es immer schon wussten". In einem Gespräch am Wochenende finde ich mich wieder in einem Verteidigungsgespräch. Ich höre, dass man den Männern ankreidet, dass sie gut angezogen und mit 1.000 Dollar in der Tasche am Bahnhof angekommen seien. Ganz klar, „Wirtschaftsflüchtlinge". Ich merke an, dass wir uns ja auch einigermaßen kleiden und mit Geld ausstatten, wenn wir verreisen. Eine Sprachtrainer-Freundin sagt später, dass die Männer ja bei ihrer unmittelbaren Ankunft in Österreich eingekleidet worden sind – kein Wunder also, dass sie nicht ganz zerrissen aus dem hiesigen Zug gestiegen sind. 50 Tonnen Kleidung hätten steuerpflichtig entsorgt werden müssen, weil „die" sie nicht wollten. Und überhaupt sind sie ja nur auf unser Geld, unseren Wohlstand aus und am Mitnaschen interessiert.

Was sie wirklich wollen (könnten), wird mir klar, als ich erfahre, dass einer unserer ehemaligen Schüler darauf besteht, zu meiner Kolleginnen-Freundin „Mama" zu sagen. Sein genaues Alter weiß ich nicht, viele Flüchtlinge bekommen ja ein neues Geburtsdatum auf ihrem Weg in die Fremde oder dort. Erwachsen ist er auf jeden Fall, doch auch ohne Kontakt zu seiner Mutter, die er im Alter von zehn Jahren verlassen musste. Hier in Österreich hat er ein Zimmer, eine Lehrstelle, geht ins Fitness-Studio und besucht einen B1- Deutschkurs. Er könnte vorerst zufrieden sein, doch er will Zuwendung. Unterstützung. Geborgenheit.

Meine Freundin ist bis zwei Meter über dem Kopf mit Arbeit, Familie und Ausbildung eingedeckt und hat auch nur 24 Stunden am Tag zur Verfügung. Sie setzt Prioritäten, die er nicht verstehen will – oder kann. Und obwohl wir, speziell sie, viel Zeit mit den Männern verbracht haben, können wir doch nur zu einem Bruchteil ihre emotionale Kultur nachvollziehen. Oder reden wir uns da was ein? Verstecken wir uns hinter den vermeintlichen kulturellen Unterschieden, weil wir nicht noch mehr helfen können? Weil wir mit der Bedürftigkeit dieser Menschen überfordert sind?

Meine Erfahrung ist, dass nur solche Menschen anderen helfen können, die ihre eigene Bedürftigkeit reflektiert haben und ihre Grenzen kennen. Je mehr man selbst Zuwendung bedarf, umso dankbarer kann man für die Ablenkung sein, aber nachhaltig und sinnvoll ist das Helfen nicht. Vielmehr kommt es darauf an, frühzeitig die eigenen Grenzen zu achten und sie notfalls zu verteidigen. Alles andere führt auf beiden Seiten in die Wüstenei. Die Flüchtlinge kommen von dort – mehr können sie vermutlich schwer verkraften. Und wir auch nicht. Umso mehr freue ich mich, wenn ich Männer sehe, die der Frühlingssonne mit einem Lächeln begegnen. Sich wohl zu fühlen scheinen. In unserer Oase durchatmen und Kraft schöpfen. Denn ihr Weg ist noch lange nicht zu Ende.

33
Jahresbilanz

52 Wochen lasse ich Sie nun schon an meinen Eindrücken von der Welt im allgemeinen und meiner im speziellen teilhaben. Erstaunlich, was da alles zusammenkommt an Ereignissen, Entwicklungen, Änderungen. Ein Rückblick.

Ich habe eine Freundin in Norddeutschland, der ich viel zu selten schreibe. Doch wenn ich es tue, sitze ich mit meinem Terminkalender vor dem Computer, damit ich ihr auch wirklich alles berichte, was sich seit dem letzten Mail getan hat. Ich versuche nämlich, von Tag zu Tag zu leben und manchmal gelingt mir das derartig gut, dass ich mich heute schon nicht mehr an gestern erinnere. Deshalb die Erinnerungskrücke aus Papier.

Seit 2016 habe ich diesen Ort, an dem Sie sich gerade befinden. Hier finde ich zwar keine Termin oder Familienfeiern, aber alles, was mich in diesem Jahr bewegt hat. Und obwohl ich mich an Termine kaum mehr erinnere, lese ich hier gerade einmal den Titel und werde zurückgebeamt in die jeweilige Woche. Das ist eine interessante Erfahrung, zumal es ja immer wieder Menschen gibt, die mich ermahnen, einen etwaigen Shitstorm doch mitzudenken, bevor ich meine Gedanken ausbreite. Dank Ihrer Geduld, Ihres Verständnisses und Ihrer Treue ist mir das bislang erspart geblieben. Vielen Dank!

Es hat mich viel umgetrieben in den vergangenen 52 Wochen, Banales wie Bedeutendes. Vom Gartenbeet bis zur Glaubenskrise war wohl alles dabei, was einen durch die Gegend wehen kann. Und wenn ich daran zurück denke, stelle ich fest, dass ich immer noch - oder besser gesagt, wieder – voller Energie bin. Ich bin ganz schön in den Seilen gehängt, stellt ich fest. Doch seit ich weiß, dass mein systemimmanentes Nawi den Weg aus dem Tal der Tränen kennt, hat mich eine neue Gelassenheit befallen. Das Leben ist eben in unterschiedlicher Intensität freundlich zu jedem von uns. Darüber lässt sich nicht streiten. Dass Sie mich auf diesem Weg begleitet haben, schätze ich sehr an Ihnen.

Anfangs war ich mir unsicher, ob jede Woche „Stoff" abwerfen würde – schließlich bin ich ja keine 20 mehr. Doch ich habe den Eindruck, dass ich jetzt mehr erlebe als damals. Oder ist es vielleicht intensiver, bewusster aufgenommen, reflektierter? In meinen 20ern ging es um Quantität, nämlich möglichst vieles zu entdecken und zu erfahren. Inzwischen feiere ich alles, was mir auffällt. Und wenn es die Ameisenstraße ist, die sich von der Balkontüre zum Teller mit dem Katzenfutter zieht. Großartig, dieses zielgerichtete Engagement dieser Krabbler, das ich natürlich unterbinden muss, aber nicht ohne ein gewisses Bedauern, die Nahrungsmittelbeschaffungsinitiative zu stören. Und ich habe gelernt, dass in fast allem eine gewisse Qualität steckt. Das macht die Jagd nach Quantität obsolet. Deshalb war es mir wichtig, „schweren" mit scheinbar „trivialem" Stoff zu mischen. Denn das Leben ist eben nicht nur dramatisch, tragisch, aufwühlend. Es kann genauso gemächliche, gewöhnliche und genügsame Phasen haben. Es braucht diese Phasen sogar, damit man wieder Luft holen und Kraft schöpfen kann. „Life is a Rollercoaster" singt Ronan Keating. Dass Sie in meine ganz persönliche Achterbahn eingestiegen und mitgefahren sind, freut mich ausgesprochen.

Und so hoffe ich, dass Sie sich weiter auf meine Ergüsse einlassen, mich hin und wieder informieren, wie Sie zum einen oder anderen Thema stehen und mir auch weiterhin gewogen bleiben. Es ist schön, dass es Sie gibt.

84
The Big Five

Mit meinem 51. Geburtstag hat sich ein Kreis geschlossen, vielleicht auch mehrere. Und wie so oft, hat mich dabei der Orient mit seiner Gastfreundschaft, den zurecht rückenden Prioritäten und der Gelassenheit unterstützt. Natürlich habe ich wieder so ein Land erwischt, in das manche Frauen offenbar eindeutig ausgerichtet reisen. Mein Ziel war ein anderes.

Hängt es mit den Ts zusammen, dass Frauen mit besonderen Bedürfnissen vorrangig in solche Länder fahren? Ich müsste recherchieren, wie es um diese Tourismus-Sparte in Tasmanien, Taiwan oder Tibet bestellt ist – diesbezügliche Kenntnisse über die Türkei und Turkmenistan habe ich, aber die fallen (aktuell) als Destination flach. Nichtsdestotrotz: nach meiner unrunden Erfahrung mit Tansania bin ich jetzt nach Tunesien gereist: zur Entspannung.

Offenbar hatte ich mich am richtigen Ort zur richtigen Zeit eingemietet, denn in meinem Hotel gab es noch weitere vier Frauen, die alleine dort Urlaub gemacht haben. Die Mär, dass eine Frau im Orient verloren wäre, scheint sich also langsam zu überholen. Gut so! Allerdings muss man sagen, dass es schon sehr eigenwillige Frauen sind, die das in Angriff nehmen. Zum Beispiel die russische Frau, nennen wir sie Ninotschka. Sie fällt in die Klischee-Kategorie, weil sie sich sehr schnell mit dem Koch auf ein Packerl gehaut hat. Doch mit welcher Würde sie dazu gestanden ist, war beeindruckend. Oder Gertrude, eine blonde Elfe aus Stuttgart. Um acht Uhr stand sie vom Frühstückstisch auf, warf den Rucksack auf den Rücken und sich selbst in einen der voll besetzten Busse, um die Region um das Cap Bon zu erkunden. Und das mit einer strahlenden Zielstrebigkeit, die selbst mir in meiner orientalischen Illuminiertheit aufgefallen ist. Sehr eigenwillig war auch eine andere Frau, nennen wir sie Monika. Der Himmel weiß, warum sie sich dieses Land, diesen Ort, dieses Hotel ausgesucht hatte. Ich glaube, sie wusste es selbst nicht. Kein Wort mit irgendjemandem, ein Gesicht bis zu den Knien, die Ausstrahlung wie das Wetter nach Ostern. Wenn man alleine reist, beobachtet man viel – sie zu beobachten, hat mich etwas deprimiert. Gerade weil ich mein Glück eine Woche lang so vor mir hergetragen habe, dass ich mir gar nicht vorstellen konnte, dass es anderen anders geht. Zweimal versuchte sie, bei mir anzudocken, indem sie sich einfach in den Sessel neben mir fallen ließ. Ohne zu fragen, ohne ein nettes, freundliches Wort. War ich anfangs noch gespannt, ob sie irgendwann einmal ihre Manieren auspackt, habe ich es danach beim „Hallo" im Vorbeigehen belassen. Man hat schließlich die Wahl, mit wem man seine Zeit verbringt – auch und vor allem im Urlaub.

Und da war dann noch meine Lieblingsfrau, mit der ich leider erst am letzten Abend ins Gespräch kam. Sie macht Musik, und in ihrer Biographie steht, dass sie eine Mischung aus Patti Smith und Pippi Langstrumpf ist – genau my cup of coffee. Ein Prachtexemplar der Kategorie Wild Womanhood, schön, inspirierend, klug. Und sie gab mir eine Aufgabe, nämlich mir zu überlegen, welche fünf Dinge in meinem Leben unabdingbar sind für mein Glück. Sie meinte, ich hätte so eine Liste bestimmt, doch da musste ich sie enttäuschen. Und trotzdem habe ich darüber nachgedacht.

Ihre Erfahrung hatte gezeigt, dass viele Menschen darauf mit „Liebe", „Freundschaft" oder „Urlaub" antworten. Doch ihre Intention ist und war es, etwas zu finden, das man ohne die Unterstützung anderer beglückend findet. Ihre Big Five waren englischer Tee, ein Fahrrad, ein Strand, ein Bikini und ein Buch. Zwei davon hatten wir gemeinsam, ein Getränk war auch bei mir dabei plus Musik und Zigaretten. Und irgendwie fand und finde ich diese Erkenntnis unglaublich befreiend. Denn wenn man sein Heil stets von anderen Menschen abhängig macht, kommt man immer wieder von seinem eigenen Weg ab oder findet ihn erst gar nicht. Ich kenne das nur zu gut, weil zu lange praktiziert.

Insofern hat sich in Tunesien ein Kreis für mich geschlossen. Die Begegnungen mit den Menschen dort waren bereichernd und intensiv, und sie haben mich zu mir selbst zurück geführt. Weil sie nicht an mir gezerrt, mich nicht in eine Schublade gelegt, wahlweise aus einer entfernt haben. Weil sie zwar meine offensichtliche Fremdheit gesehen, aber auch durch sie hindurch in mein Herz geschaut haben. Wenn man wie viele Menschen dort 200 Euro im Monat verdient, könnte man seine Existenz bejammern. Oder man holt das Glück aus jeder Gelegenheit, die sich bietet. Durch eine Geschichte. Durch eine Umarmung. Durch eine geschenkte Schachtel Zigaretten. Durch einen liebevollen Blick. Durch ein Lachen. Und was sind Deine Big Five?

35
App ins Leben

Einer dieser Abende mit einem meiner Leihsöhne. Futter für Körper und Geist fassen. Reden. Über das, was ihn bewegt. Und die Welt. Manchmal kann ich (noch) mit, manchmal weniger. Bei einer 1.000 Euro-App ganz bestimmt nicht.

Der frühe Abend ist lau unter den Schirmen, das Essen sättigend und das Gespräch fließt. Er steht knapp vor seinem Hochschul-Abschluss, erzählt mir von seinem durchgetakteten Leben zwischen Bachelor, Boxen und Beziehung. Immer wieder bewundere ich an ihm diese Disziplin, die ich in seinem Alter vernachlässigte. Für die Diplomarbeit räumte ich für drei

Wochen meine Leben von allen Lastern frei, für die Prüfung noch einmal. Das war's mit meiner Disziplin. Dazwischen ließ ich mich treiben, lernte vorrangig für's Leben. Vom heutigen Standpunkt aus gesehen, hat es mir wenig geschadet außer dass mir manchmal das Verständnis dafür fehlt, dass es andere eben nicht machen.

Doch meine Leihkinder liegen mir am Herzen, und selbstverständlich respektiere ich ihre Art, das Leben anzulegen. Die „wilde Mutter" in mir gibt sich damit aber nicht immer zufrieden, sondern will fördern und fordern. Und so gehen wir in ein Ein-Mann-Stück, das sich mit dem Apfel-Telefon und dessen „Erfinder" beschäftigt. Nicht dass wir zwei eines dieser Geräte besäßen – der Technik kommen auch wir nicht aus. Er, weil er diese Branche für sich gewählt hat, ich im weitesten Sinne auch. Schließlich geht ohne Taschencomputer heute kaum mehr etwas. Keine Mails im Urlaub? Huch. Keine grünweißen Nachrichten? Hach. Keine Updates im Gesichtsbuch? Hui. Lassen Sie mich ein bisschen übertreiben, der endlich eingetroffene Frühling inspiriert mich über die Maßen.

Auf jeden Fall kann man über den Apfelhändler sagen, was man will – er wusste die Menschen zu bewegen. Und sie dazu zu bringen, etwas von sich zu glauben, was sie ohne Handy nie geschafft hätten. Ich in meiner skeptischen Art, alles was mit Schein zu tun hat, zu hinterfragen, wende mich an die Jugend mit der Bitte um eine Erklärung. Doch alles, was ich höre, wird von einem getoppt: nämlich dass es eine App gegeben habe, die den Leuten 999,99 Dollar aus der Tasche zog. Und das alles für das Mantra „I am rich, I deserve it, I am good, healthy & successful." Sonst konnte diese, inzwischen vom Apfelmarkt entfernte Applikation nichts. Nada. Niente. Und trotzdem haben sie acht Menschen gekauft. Einfach, weil sie es konnten. Ich versinke in Schweigen.

Am Morgen danach schweige ich immer noch. Sitze inmitten meiner Pusteblumenwiese, verteile mich samt Katze auf zwei grünen Kissen, halte mein Gesicht in die Sonne und trinke meinen Ingwertee. Und fühle mich reich, weil es viele Menschen ohne Garten gibt. Fühle mich gut, weil mich die Sonne wärmt. Fühle mich gesund, weil ich meinen Tag ohne Kaffee beginne. Fühle mich erfolgreich, weil ich das alles ganz ohne die Investition von 1.000 Dollar genießen kann und das Geld lieber für eine weitere Reise verwenden kann. Bevor ich über den Zustand dieses Teil der Schein-Menschheit zu hadern beginne, legt mir die Katze ihre Pfote auf den Schenkel. Ganz als wollte sie sagen: „Lass gut sein." Und das mache ich dann auch.

Danke

Nicole Berkmann und Sonja Blümke, die die Auswahl getroffen haben, zu der mir die Distanz fehlte

Marion Lichtenberger für das wunderbare Cover, bei dem jeder Strich sitzt

Ursache/Wirkung, das mir die Chance gegeben haben, diese Texte unter die Menschen zu bringen und speziell Verena Pichler, die mich Woche für Woche mit ihren Rückmeldungen bestärkt und ermutigt hat

Gerhard Liebenberger, der mit der Idee einer „eBook-Challenge" dafür gesorgt hat, dass dieses Projekt Fahrt aufnimmt

Allen LeserInnen meines Blogs FREITAG, die mich davon überzeugt haben, dass meine Gedanken Freude und Anregung sein können.